成交
是设计出来的

成功的交易是一个精心设计的过程

张鑫磊 ◎ 著

中国商业出版社

图书在版编目（CIP）数据

成交是设计出来的：成功的交易是一个精心设计的过程 / 张鑫磊著. -- 北京：中国商业出版社, 2024.11. -- ISBN 978-7-5208-3176-5

Ⅰ. F713.3

中国国家版本馆 CIP 数据核字第 2024PD2898 号

责任编辑：杨善红
策划编辑：刘万庆

中国商业出版社出版发行
（www.zgsycb.com 100053 北京广安门内报国寺 1 号）
总编室：010-63180647　　编辑室：010-83118925
发行部：010-83120835/8286
新华书店经销
香河县宏润印刷有限公司印刷

*

710 毫米 ×1000 毫米　16 开　13.75 印张　160 千字
2024 年 11 月第 1 版　2024 年 11 月第 1 次印刷
定价：68.00 元

****

（如有印装质量问题可更换）

前 言

成交并非偶然,而是精心设计的结果

赚钱的前提是成交,因为只有成交了,才能赚到钱,才能有收益。所以,要想将产品卖出去,要想提高收益,就要学会怎样去成交。而想要提高成交率,就得进行精心的设计。只有当对方无法拒绝你的成交设计时,"成交"才会变得容易。

给客户设计一个非买不可的理由,成交才可能成功。让客户快速进入你设定的框架,就能快速连接上客户,让客户对你和你的产品/服务产生好感,留下良好的第一印象。当客户对你和你的产品/服务产生好感后,就能直接连接他们的信任,让他们愿意听你的分享,这样你才能从客户处听到真话,得到有价值的需求信息。

客户不信任你,你就无法找到精准的需求,更不能挖掘出客户更多的内在需求,从而无法作出有效的分析和引导。

客户需要先教育后成交,要对客户进行产品观念的植入,让他们跟你的价值观保持一致,否则产品再好、价格再便宜,客户没有认知,也不会买单。例如,如果客户不重视健康,即使你的产品有助于他们的健康,价格很低或直接送给他们,他们也不可能要。

成交是设计出来的

　　一个人的行为是他的思维所产生的，有思维才会有行为。真正的成交高手都懂得成交设计，他们会通过设定的成交路径，引导客户的思维，绝不仅仅是介绍产品。

　　很多销售人员都有一个误区，就是只要客户一进来就滔滔不绝地介绍产品。这时候客户既没有对你产生好感，也没有建立信赖感，而你也没有找准客户的需求，没有引导客户与你保持价值观的一致，直接给他们介绍产品，很可能会遭到他们的反感从而引来他们的拒绝。因此，一定要提前设定好如何给客户介绍产品，对产品的功能、卖点、特性和差异化等进行详细介绍。

　　客户购买的是产品的价值，需要的也是产品的价值，其实只要把价值卖好，成交便是顺其自然的事，价格也不是问题。如果客户总是说"太贵了""没时间""想一想""等一等""考虑考虑"……就要先消除客户的这些抗拒和疑虑，然后才能顺利成交。

　　真正走到成交这一步，很多人都会变得犹豫，不敢主动"要求"客户成交，会因为犹豫和不敢错失了最好的时机。如果不马上成交，客户很可能立刻就会成为别人的客户，所以一定要快、狠、准，要严格按照设计的成交路径来进行。

　　当然，将产品销售出去也不是最重要的，最重要的是让客户真正使用产品，因为只有开始使用产品，才能感受到产品的好处，才能立刻看到效果，才能减少退货退款的风险。

　　事先设计好了成交流程，就能清晰明了地知道每一个步骤，而不只是凭感觉、凭心情接待客户。成功的推销不是轻而易举就能做到的，它是学习、计划以及销售代表的知识和技巧运用的结果。

目录

第一章 成功的交易都是精心设计的结果

成交设计是一种战略思维 / 2

成交前先设计好路径，才会事半功倍 / 7

成交信号，成交的临门一脚 / 10

第二章 设计话题切入，消除双方的距离感

唠唠家常，缓解用户的紧张和防备之心 / 14

聊点共同话题，让客户觉得你是"自己人" / 19

用热情感染客户，让他无法拒绝你 / 22

营造与客户一见如故的感觉 / 25

敞开心扉，用具有亲和力的话黏住客户 / 28

制造一些幽默点，让客户笑一笑 / 31

向客户虚心请教，打开他的话匣子 / 33

给故事植入产品，让用户为之动心 / 36

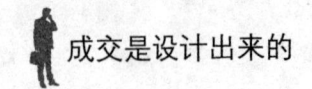

第三章　找到客户的痛点、痒点和嗨点

痒点：找到客户的痒点，为销售创造话题 / 42

痛点：找到客户痛点，继续推进销售 / 46

嗨点：让客户产生惊喜、兴奋的感觉 / 50

敏感点：认真观察，找准客户的敏感点 / 53

对症下药：找到客户的"隐性需求"，将其解决 / 56

主动推荐：为客户推荐最合适的产品 / 59

沟通解决：销售其实就是帮客户解决问题的过程 / 62

第四章　突出产品优势，提高产品说服力

FABE 法则：瞄准产品的特点、功能、好处和证据 / 68

权威引导：通过明星代言、专家推荐，提升品牌信誉度 / 70

客户见证法：让客户看到使用产品后所得到的效果 / 71

对比介绍法：用自己的优势对比竞品的弱点 / 74

假设成交法：抓住细节，更容易成交 / 75

诱饵效应：设计套餐，促使客户选择 / 77

飞轮效应：先用补贴吸引用户，然后减少成本并盈利 / 79

背书效应：让第三方来为你的产品说话 / 80

第五章　从客户需求出发，消除客户顾虑

重视体验：在"试"上下功夫，优化客户体验 / 86

突出优势：跟客户再次强调产品优势 / 88

坦诚待客：直接告知客户产品的缺点 / 91

郑重承诺：给客户做出承诺和保证 / 94

提出建议：给犹豫不决的客户提建议 / 97

迂回解决：转移客户注意力等待时机 / 99

转折处理：先肯定客户，再提出自己的观点 / 102

博得同情：学会示弱，引发客户同情心 / 105

第六章　设计一个让客户购买的理由

让客户感到好奇：描绘产品的爆点或独特卖点 / 110

让客户知道产品好在哪里：解释你的产品为什么是最好的 / 114

让客户感觉买得值：通过价格比较，解释为什么会物超所值 / 117

让客户从中受益：降低客户决策风险，让客户零负担 / 120

让客户感觉实惠：告诉客户优惠力度有多大 / 122

让客户有紧迫感：产生商品的稀缺感 / 125

第七章　灵活应对客户抗拒，更好地促成签单

客户说"我暂时不需要"，怎么应对 / 130

客户说"我没时间"，怎么应对 / 133

客户说"我再看看"，怎么应对 / 136

客户说"价格太贵啦"，怎么应对 / 139

客户说"我再考虑考虑"，怎么应对 / 142

客户说"别家可能更便宜"，怎么应对 / 143

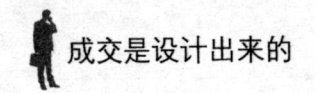

客户说"我做不了主",怎么应对 / 146

客户说"到时候再说",怎么应对 / 148

第八章 销售高手最爱的成交法则

AB成交法:避开"要""不要"的问题,让客户直接做选择 / 152

从众成交法:充分利用从众心理,引导客户做决定 / 155

高帽成交法:对客户进行恭维,对他们表示肯定 / 157

错失成交法:通过稀缺性,制造紧张感 / 159

讲故事成交法:讲个故事,消除客户的疑虑 / 161

小点成交法:建议客户先少买一些试用 / 164

特殊待遇法:让客户享受一点特殊待遇 / 166

长线成交法:与未成交客户保持良好的关系 / 169

第九章 "互联网+"时代,销售的载体应该多样化

电话营销:打电话是寻找客户最快的方式 / 172

微信营销:微信不仅是聊天工具,更是好的营销方式 / 175

抖音营销:重视抖音等短视频营销 / 177

朋友圈营销:每天发一条,业绩就能不间断 / 179

直播间营销:打造营销型直播间 / 182

社群营销:玩转社群营销,实现用户裂变 / 184

快闪营销:懂营销的品牌都喜欢"快闪" / 186

第十章　做好客户回访，为持续性营销奠定基础

做客户回访之前，先对客户进行细分 / 192

了解客户想什么，要什么，最需要什么 / 194

回访时有效地选择时间段 / 196

确定合适的客户回访方式 / 198

认真倾听客户的声音 / 202

年后回访客户，三招搞定 / 203

意向客户的二次回访 / 205

第一章
成功的交易都是精心设计的结果

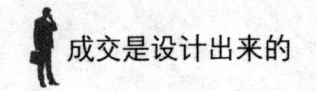

成交设计是一种战略思维

在成交中,有些人可能有过这样的感觉:

(1)自己谈着谈着,就谈偏了;

(2)跟客户聊着聊着,就被客户牵着鼻子走了;

(3)谈着谈着,不知道什么时候该直接开口跟客户谈价钱了;

(4)跟客户聊得好好的,结果到了讲价这最后一步,就失败了。

……

为何会出现这些情况?因为这时候的你已经偏离了成交的主线,也就是说,你的成交逻辑和流程出现了问题,你缺少自己的逻辑,想到哪里说到哪里。

举个例子,现实生活中,我们为什么要倡导高情商?因为即使是说同样一句话,经过高情商润色和不加修饰地直接说出来,给人的感觉不一样。低情商表达,很可能会伤害到对方的自尊心,导致对方不仅不会感谢你,还可能会在心里讨厌你……长此以往,你的人际关系就会变得越来越差。

连平常说话这样的小事,都需要经过设计,更何况是成交这件事。真正的成交高手,通常都懂得设计成交流程。只要找准了意向客户,就需要想办法让其主动找你购买产品。而这一个环节，你就需要精心设计，包括成交主张、成交流程、成交细节……要通过这些细节让客户更快地和你建立信赖感，购买你的产品。但要明白，成交不是打感情牌，而是要让客户看到你为了成交花费的心思，让客户直观地看到你的服务给他带去的直观的改变，即购买你的产品能给他带去什么好处以及解决什么问题。

所有的成交都不是无缘无故的，都是精心设计出来的。比如，超市。

超市，是现代人购物的主要场所。而电商的介入，让实体超市面临更大的竞争，营销手段也变得更为精密，超市商家们都在打"小算盘"。

以前，人们进到超市，大都是有节制、有计划地购买商品；但如今，人们的消费观似乎越来越极端：什么都想买，买多了吃不完。原因何在？因为超市商家已经摸透了人们的购物心理，通过巧妙设计，可以让人们不停地买买买。

首先，货架位置。超市里货架的摆放可以刺激更多的消费，比如，付款台旁边放着巧克力棒、口香糖、糖果小零食和杂志等，让经过的人忍不住要买。此策略尤其对儿童管用。

其次，主要食品。你原本只想去超市买把葱，结果离开超市时多了5个购物袋。超市把主要的生活食品如鸡蛋、面包、米、面、油等放在远离入口的超市深处，为了购买这些，你就得经过无数的打折商品，如果经受不了诱惑和考验，你的手就停不下来。而且，这些主食品还不是集中摆放的，如鸡蛋被放在一个不显眼的角落，为了找到鸡蛋，就要穿过整个超市。在超市停留的时间越长，花的钱也往往会越多。

最后，便宜货品的最佳位置。促销商品和减价商品通常会放在货架两

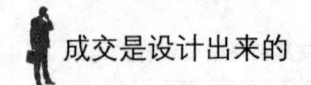

头,因为这些位置的能见度最高。事实也证明,消费者在货架的头尾位置购买东西的概率比在货架中间购买的概率高出三成。

……

经过这样的设计,消费者购买商品的预算就会增加一倍以上。

从上可见,客户从了解产品到建立信任,再到最终购买产品,需要经过进化式设计。通过合理的设计和策划来促成交易的过程,就是成交的本质。只有掌握清晰的成交流程,才能在销售时保持主动,让你的交流不偏离主题,实现最高的成交率!

真正的成交高手,都会通过以下步骤来实施有效的成交设计,以达到成交的目的。

第一步,明确和确认客户的需求。

一开始客户一般都不会告诉你,他为何会购买你的产品?因此,这时候就要先搞清楚客户遇到了什么问题,需要用到你的产品?

客户问:"亲,你那个×××多少钱?"

你直接说:"一盒×××元,5盒打八折。"

客户回复说:"好的,我先了解一下……"

要明白,价格是根据价值而设定的,没在客户心里树立起价值,只要你报价,客户几乎都会嫌贵。

因此,你的目的不是卖产品,而是满足客户需求,帮助客户解决问题,实现产品的价值。明白了这些,不管客户怎么询问,你都可以这样来接话,找出客户的需求:"你现在是什么情况?能给我说一下吗?我好帮你判断下是否适合你,以及能否解决你的问题。"

第二步，呈现客户想要的结果。

很多教授营销课的老师都会给学员讲："报价之前要先塑造产品价值。"那么，如何来塑造产品价值呢？答案就是，要通过呈现结果来塑造。

过去我们的成交逻辑是：我的产品好，质量好，包装好，这里好，那里好……即使一块破铜烂铁，你也会让它变得坚硬如锯。但事实告诉我们，这是一种自嗨式的单纯的产品展示，而客户之所以要购买你的产品，并不是因为你的这些推销，而是为了解决他自己的问题。

这时候，你需要根据对方的问题，设计产品效果的提前展示。

客户问："这款护眼产品效果如何？"

你可以回答："这款护眼产品使用一次，只要15分钟，就能提升视力1~3行，一个月后就可以换眼镜了。"

客户可能会觉得花499元购买一个普通的护眼产品很贵，但如果这笔钱能让他的视力提升1~3行，那就不贵了。如果真能把眼镜换掉，不要说499元，就是让他掏4999元，他可能也愿意。

不要拿价格和产品进行比较，得拿价格和使用效果去对标，客户就知道这款产品的价值了。也就是说，要呈现客户想要的产品效果，而这个效果呈现得好坏，决定了客户掏钱的速度和金额。

第三步，关心客户的情况。

跟客户聊天，不要聊太多关于产品的内容，也不要聊太专业的话题，而是要多关心客户，拉近和他的距离，为下一步行动做好准备。

第四步，给客户合理提建议。

不了解客户的情况，你给出的建议可能就是信口开河，只有了解了客户的具体情况，才能规避丢单的风险。比如，销售减肥产品时，不要说："必须按时吃饭和休息，因为熬夜影响代谢……"这样的要求，显然很多客户做不到，因为加班熬夜对于很多人来说是常事。如果为了减肥耽误工作，那么客户往往会选择放弃减肥产品。

因此，在给客户提建议时，要站在他们的角度，根据他们的实际情况提供合理的建议，千万不要提供不切实际的建议，免得引起客户反感而丢单。

第五步，用成交策略逼单。

看到客户有了购买意向，就可以直接对客户说："根据你刚才说的情况，我建议你用到六个月，你想要实现的几乎都能实现了……"这里涉及一个关键的策略，即购买数量和价格，因为客户都想要用最少的钱办最大的事，因此，需要销售人员将数量说多。

比如，你想成交10盒，就可以说："根据你刚才说的一些情况，我建议你用6个月，20盒……"留个提前量，等客户还，如果你想成交10盒，直接跟客户说10盒，大多数只能成交3~5盒。

这时候，如何客户说："20盒？是不是太多了？"

你就可以说："没关系，15盒我估计也够，多买5盒，可以巩固得更好一些。"千万不要问："那么，你想要多少？"否则，多数都会得到这样的回答："我先来2盒试试……"

如果客户觉得15盒还有点多，你就要说："你至少要用10盒，这是最起码的要求，这不像剪指甲那么简单快速！"

第六步，肯定客户的选择。

客户买单之后，你要怎么说？

"亲，谢谢您的支持！

亲，谢谢您的认可！

亲，谢谢您的信任！"

相信很多人都会这样说。但事实是，与被奉承比起来，客户更喜欢被赞美！以上三句话只会拉低你的能量，以后的售后，你就很难做了。因此，要说："您真有眼光，买到这么好的产品！""您是懂行识货的，您用用，就知道这产品有多好！""您运气真好，买这款产品，真的很划算，还能达到好的效果！"

成交前先设计好路径，才会事半功倍

让我们先来想象这样三个场景：

场景一：你走在拥挤的步行街上，突然手心里被人塞进一张传单。你扭头看，对方问："老板，做健身吗？"你会怎么回答？

场景二：有一天，朋友说自己刚买了一款口红，特别好用，并试图说服你购买。你想买吗？

场景三：听说最近正在热播某个电视剧，你在好奇心的驱使下打开爱奇艺，发现内容确实很精彩，结果看了6分钟后，进度条显示，只有充值会员后才能继续看。你会选择充值吗？

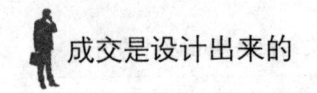

上述三个场景代表了成交的三种不同路径：

成交路径一　最底层的主动促销。这种成交方式，需要销售人员不断地迎合客户，向客户解释产品有多好。如果客户不买，销售人员每天都会发短信和电话，直到客户受不了下订单为止。

成交路径二　处于中层的朋友建议。这种交易建立在双方信任的基础上，即使一方对该产品没有强烈的购买欲望，但只要另一方提出建议，他们通常也会选择购买。

成交路径三　最高层次的被动交易。不用主动向客户推销产品，而是设计整个交易路径，将每个接触点与客户打包，使进入场景的客户能够自动无痕迹地进行交易。

显然，上述三种成交路径虽各有特点，但效果却是递进式的，第三种效果最好。

成交的方法纷繁复杂，在成交前，应总览全局，确立好成交路径，才能达到事半功倍的效果。

以卖某个商品为例，在正式开卖产品前，要先搞清楚卖的思路，即成交的路径。也就是说，要想好产品卖给谁？买你的产品能得到什么好处？客户在你这里买的原因是什么？等等，规划好产品的成交路径，成交才能顺利。

要想成功交易，成交路径很关键！那么，在成交路径设计规划中，我们应该注意哪些呢？

1. 人流场景的选择

交易结果的好坏，80%取决于人流场景的选择！选择错误的场景，犹如把剃须刀卖给女人，把奶嘴卖给老人，是很难成交的。有人的地方就有人流，比如，现实中繁华的步行街、网上的各大电商平台等。

不同的产品对应不同的客户，我们要在正确的地方把正确的商品卖给正确的人。比如，想卖知识，就要到知识平台找人流；如果是做社区生鲜团购的，就要到社区业主群找人流。

2. 打造强接触点

可以利用社交媒体平台，发布有关产品的各种信息，为产品造势，提高产品的知名度和美誉度，让产品对消费者产生强烈的吸引力，打造出产品与消费者间的强接触点，为成交奠定基础。此外，也可以通过打造专业的售后服务团队，来建立与消费者的强接触点，包括及时处理消费者投诉建议，定期回访消费者等方式，不断提高消费者的满意度和忠诚度，增强其对产品的黏性。

3. 信任的转化

持续的价值交付是双方信任的基石，只有这种信任建立起来，交易才会变得自然。客户对某个品牌有了充分的信任后，就会成为该品牌的粉丝，这时候他们不仅是品牌的买家，还是品牌的传播者和销售者。

成交是设计出来的

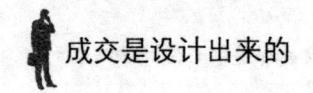

成交信号，成交的临门一脚

做销售，一定要有敏锐的成交嗅觉，心有所想，身有所动！一定要多观察，发现客户准备成交的信号！

假设你已经成功让客户对产品产生了极大兴趣，那么，再往下发展，就很可能是成交了，因此，这时，你需要特别留意客户发出的成交信号，多观察，准确抓住机会，"踢"好成交前的临门一脚。

那么，怎么捕捉客户发出的成交信号呢？

记住，有时候，客户表面上拒绝了你的产品，实际在内心已经同意和你成交！表面上拒绝，是因为他们可能对产品还有这样和那样的顾虑，希望你能帮助他们消除顾虑，以便确认购买这个产品是正确的。

客户心中想要成交时，往往会有以下几种信号：

1. 寻求旁人的支持

有些客户想要成交时，会向周围的伙伴征求意见："你看怎么样？还可以吧？你帮我看看！"

因为多数人作决定，都需要他人的支持。比如，和姐妹一起逛街，选衣服的时候，会问问她们的意见。其实，征询身边人的意见，就是为了寻求认可。

如果发现客户出现了这样的情景，那就说明你的机会到了，要乘胜追击，争取让他们在最短的时间里下单。

2. 突然开始杀价或对产品挑三拣四

看到突然开始杀价或者对产品挑三拣四，有些人会感到很困惑：刚才还说得好好的，怎么现在就开始挑毛病、砍价了？其实，客户之所以这样做，是因为他们相中了这款产品，只是出于最后一搏的心态，做出这样的反应。

记住，客户只有认可了产品，才会讨论价格和细节。发现客户有这种反应，千万不要生气，因为你马上就要成功了！

3. 开始大发感慨

当客户对你说出"哎呀，妹子，你嘴巴太厉害了，我真说不过你"时，是一个好兆头，说明客户已经认可了你，很快就会认可你的产品。这时候，就要主动提出成交，直接对客户说："你看是用现金，还是微信扫码？"

4. 时而看你，时而看说明书

在线下门店，如果发现客户时而看你，时而看说明书，就说明他已经认可了产品，想挑个问题来找你砍价。选购产品时，很多人都有这种心态，实在挑不出问题，就只能掏钱了。

5. 喃喃自语，皱着眉头

客户喃喃自语，皱着眉头，宛若难以决策的样子，要准备交钱，又舍不得……这时候，你就要再添把火，催促成交，让客户尽快摆脱纠结，享受成交后的快乐。比如，"你喜欢的产品，已经给您装好了！还送了一份

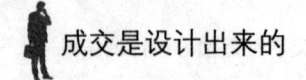

赠品，这里是付款二维码，您自己扫码！"

6. 开始探询产品背后的好处

当客户询问使用方法、售后服务时，表明他们已经接受了产品，只要你有足够灵敏的嗅觉，就会和客户顺利成交！而要想培养敏锐的嗅觉，就要多磨炼、多揣摩。只要你随时想着、念着、练着，用不了多久，成交的信念便会融入你的思维，你就能敏锐地捕捉到成交的机会。

第二章
设计话题切入，消除双方的距离感

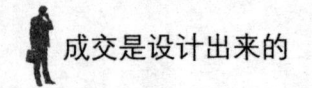

唠唠家常，缓解用户的紧张和防备之心

开门见山地讲自己店里的最有档次的产品，会让人产生压迫感，使客户不好意思说出自己的要求。其实，遇到客户时，要想缓解他们的防备心理，就要与他们拉家常，让他们降低防备心理。

举个例子，客户是一对夫妻，进店选购橱柜家具。

销售人员："你好，欢迎光临×××橱柜家具体验馆。我是销售××。"（说这句话时要开心，自信并鞠躬，吸引客户注意）

客户："嗯嗯，你好。"（客户会比较惊讶，但还会有防备心理）

销售人员："离老远我就看到你们在选家具，一边想自己家的装修方案，一边挨家做对比，确实是选家具最好的方式。"（对客户进行恭维，采取通用话语）

客户："嗯嗯，我们正打算装修，就挨家挨户看看。"（客户给出了第一个关键信息，正打算装修。他是你的潜在客户，可以深入跟进）

销售人员："装修前看看家具，确实是正确的做法。装修里涉及的改水改电，需要设计人员根据柜子尺寸进行规划。以前就有好多客户家中电源设计不合适，造成书桌无电源、沙发附近无电源，没法给手机充电的事情。"（顺着客户的话进行引导，简单聊天中，举例证明选橱柜家具设计的

重要性）

客户："确实如此。我们原先住的房子，电源设计就不太合理。电源设计过低，总担心孩子触电。"（电源位置不合理是多数客户家里装修的通病，很容易引起客户的共鸣，客户对销售有了好感，就会降低一点防备心理，也愿意多说话）

销售人员："可不！装修注意事项可多了。对了，你家在哪个小区，我这里有我们做过的案例照片，可以拿给你看看，如果有跟你同类型的小区，你也可以参考一下。"（引导客户，说出小区地址，了解客户家庭信息，确定房价，是高中低档哪种小区）

客户："嗯，看看你们的案例也行。我们就在××小区，不知道你们做过没有？"（客户给出小区名称，销售就可以通过该小区的房价、地点、周边环境，以及往期做过的案例，判断出客户家中的设计难题）

销售人员："哎呀，你住××小区啊，我大姨就住那儿，上个星期我还去她家蹭饭了呢。那小区绿化不错，周边超市和菜市场齐全，就是房屋格局不太好，厨房和卫生间太小，需要简单更改下格局。"（简单说明自己在那个小区有亲戚，加深客户的信任度，然后引出房屋中的问题，让客户跟着自己的思路走）

客户："是啊，我们也正犯愁呢。卫生间太小，洗衣服、洗澡都不方便，不知道怎么改呢，家装那边也还没确定好。"（此时的客户已经打消了与销售之间的戒备心理，双方可以坐下来谈方案了）

销售人员："嗯，是的，你看这是我们之前做的方案，将洗衣机放厨房里，卫生间空间就大，厨房也有上下水，不影响洗衣机使用……"（拿

出公司以往做过的案例，给客户讲解）

跟客户拉家常，没有过多的技巧，只有坦诚地聊天，才能让客户跟着你的思路走，并降低对你的防备心理。然后让客户从关注品牌变成关注如何解决自己家装修问题，并从聊天中获得关键信息，进行下一步的销售攻略。

跟客户拉家常可以告诉客户：我和你一样，我们意气相投，你可以对我深信不疑。准确地描述客户的某些真实体验，比如"前几天热得要命，对吧？""你说你儿子马上要毕业了，是吗？"就能和客户建立一种亲近关系，产生潜意识的共鸣。

单刀直入地向客户做兜售宣传，忽视亲近过程，就无法同客户建立信任关系。用家常话设法亲近客户，便可巧妙地突破客户的心理防线，使其心甘情愿地掏钱购买你的产品。

虽然有些家常话有时是废话，但只要真实可信，就能产生效果。那么，如何跟客户拉家常呢？该聊哪些内容呢？

1. 天气

天气，是最不会出错的开场话题。"今天天气真好啊！"无论对方是个大老板还是街头小贩，都不会因为这句话和你翻脸。更何况，如果运气好，还能顺势聊到"哎呀，你这套西装真配今天的天气"！

天气既不涉及双方的利益，又是大家都感兴趣的事情。"昨夜的台风好大呀！贵公司有没有受到什么损失？"

除了把天气当话题之外，还可以当作关心对方的题材，但是，切记不要在与天气有密切关系的行业内多谈天气。

如果你对一位雨伞店的老板说："最近一点雨都没下，天气简直太好了！"对方会是什么感受呢？

2. 家人朋友

如果跟客户比较熟悉，就可以聊聊孩子、父母、宠物等话题。

如果遇到的是比较年长的客户，他们会欣然聊起孩子，尤其是孩子的教育、养育问题，聊起来是没有尽头的，只要在适当时进行赞美，就可以引导客户聊下去。如果你也有孩子，还可以跟客户交流育儿心得。

通常，跟宝妈询问有关孩子的问题，对方大多会欣然回答，尤其新手宝妈。比如，孩子多大了？孩子一般都吃什么奶粉辅食？但切忌八卦，探听隐私，不要踩红线。

3. 兴趣爱好

人人都有爱好，但多数人都有一个共同爱好，我们要洞察客户喜欢的运动、音乐、电影、书籍或艺术展览等，寻找彼此的共同兴趣点。比如，某场比赛、某场音乐会、电影的首映、某位作家，都是你们可以聊起的话题。倾听客户的文化喜好和观点时，你也要同时分享自己的体验。如果是女性客户，还可以聊化妆、美容、保养，以及某个品牌口号的新色号，以及聊聊如何变美。

4. 新闻八卦

新闻永远都是最能够引起别人注意的话题，可以选择比较积极的话题和一些近期比较热门的新闻等，这些新闻即使客户不刻意去关注，也会在别人口中听说一些。

同时，还要关注客户所在行业的新闻和趋势，分享一些有趣的行业动态或观点,以展示你对他们行业的了解,并提供有价值的信息;要了解当天本地的新闻和热门话题,并能够随时和客户聊起某个热门的话题,分享自己的一些见解,倾听客户的见解。

5. 健康养生

健康是现在每个人都关心的话题,可以跟客户分享自己的养生经验,哪些养生茶特别好,怎么吃既健康又减脂。如果客户对体育或健身有兴趣,还可以分享你最近开始做的减肥运动,跑步、普拉提、瑜伽……引出对彼此日常生活的谈论。当客户提及去医院、求药或感慨健康至上的话题时,就可以进行问候,同时聊聊养生经,甚至引出彼此对于日常健康生活的谈论。

6. 工作

很多人会在朋友圈发布公司或工作相关的话题,如销售的产品或参与的会议。当看到某个客户总在朋友圈推荐一家火锅店,就可以问下,这是您开的店吗?这牛肉看着就想吃。这类提问会很快得到客户的回应。如果客户本身也是做销售的,推荐产品给你,你也可以欣然回应。其实买不买没关系,重要的是要让他知道你是一个在意他的人、会回复他的人。

7. 衣着

关于穿衣、打扮的话题,如果正值换季,则可以说"最近要开始穿大衣了""已经不用穿大衣了"等,也可以赞美对方的服装搭配及身上的饰物,以博得对方好感。女人一般对衣服这种话题是来者不拒的。

8. 饮食

民以食为天,所有人都离不开食物,如今生活条件越来越好,当吃饱了之后，大家都在想着如何吃好，所以以食物来切入，你和谁都能聊上几句。如果客户是开餐馆的，可以询问他近期有没有新菜或团购等。

9. 住所

关于地区讨论话题，可以询问对方的住处，也可以告诉对方自己住在哪里。

知道了对方的住处可以帮助引出更多的话题，但有时因为对对方的住处不熟悉而表示惊讶，也可能会引起对方不好的情绪。

聊点共同话题，让客户觉得你是"自己人"

要想做好销售工作，就得有客户，有业绩，那怎样才能赢得客户呢？首先得给客户留下一个好的印象，然后才能出现对方想进一步认识你的机会，你才能进一步展示自己的专业技能，才会有机会成交。那怎样才能给客户留下好的印象呢？聊点共同话题，让客户觉得你是"自己人"。

一位销售妇婴用品的人员到某小区推销产品。她刚进入小区时，就发现小区长椅上坐着一位孕妇和一位老妇人，于是她就向小区保安假装不经意地问道："那两位好像是一对母女吧？长得可真像。"保安告诉她："确实是一对母女，女儿马上就要生宝宝了，母亲从老家来照顾她。"

之后，这个销售员走到长椅旁，亲切地提醒孕妇："不要在椅子上坐太长时间了，外面有点凉。你现在可能没什么明显的感觉，但生完宝宝后就会感觉不舒服。"然后她又转向老妇人说，"现在的年轻人都不太讲究这些，但有了你的提醒和照顾就好多了。"

就这样，三个人开始聊天，从怀孕聊到生产，从产后产妇的身体恢复聊到宝宝的照料及营养等，聊得非常开心。接下来，那对母女已经开始看销售人员手中的产品资料和样品了……

对于客户的实际需求，要在与客户进行沟通前就对其进行分析，来准确地把握客户最强烈的需求，然后寻找与客户之间的共同话题。案例中的这位销售人员先注意到孕妇对妇婴用品的需要，然后寻找母女俩都关注的话题，巧妙地与其建立起友好的关系，然后向她们推销产品，使推销变得顺畅自然。

与客户讨论共同关注的话题，是拉近心理距离的好方法之一。优秀的销售人员对一切大众喜好的事情都要略知一二，并能从共同话题入手，来印证自己的产品和对方兴趣的关联。当需要用到较为专业的知识时，能很快补充，就更容易赢得客户认同，打动客户，说服客户下决心进行成交。

我们面对的多数客户是陌生客户，交流本身就存在一定的障碍。如果再没有共同语言，没有一个让对方感兴趣的话题，交流起来更是难上加难。每个人都愿意与自己有共同语言的人相处，客户也一样，在与他们交流时，我们必须找到一个共同的话题。

只有紧紧围绕一个共同话题展开，才能吸引客户的兴趣，从而更深入地了解客户，取得对方的信任。那怎样才能找到双方共同感兴趣的话题呢？

1. 了解客户的信息

聊天时，要尽可能多地收集客户的资料，了解他们的背景、生活习惯、职业、工作经历、兴趣爱好、家庭情况等信息，然后进行综合分析，找出客户的兴趣点，知道了客户感兴趣的点，就容易找到共同的话题。

2. 关注时事和热点话题

很多人都对时事问题感兴趣，比如，最新热点新闻、社会事件、流行的影视剧等，只要打开了话匣子，就能知道对方是不是感兴趣。一旦找到对方感兴趣的点，就可以以此展开讨论。在沟通的过程中，发现对方的观点并进行认同，保持同频，很快就能拉近双方之间的距离。

3. 做好现场观察

这也是非常有效的方法。比如，你看到客户的办公室有书画作品，就可以以此作为切入点；看到办公桌上摆放着正在阅读的书籍内容，就能知道他对什么感兴趣；看到墙上挂的球星照片，就知道他对什么体育项目感兴趣……简言之，只要学会察言观色，你就能迅速找到双方共同感兴趣的话题。

4. 留意客户的过往经历

比如，你跟客户是同龄人，有共同的经历，说当年共同经历的事情，就容易勾起双方共同的回忆。再如，双方有共同的工作经历，就会有当时特有的回忆，自然会有更多的共同话题。

5. 现场询问和沟通

当对方在分享自己的个人经历时，你只要认真倾听，只要用心，就能寻找出对方感兴趣的点。

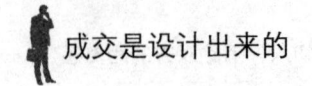

总之，我们完全可以通过多种方法和渠道，找出跟客户之间的共同话题，实现彼此的无缝对接，建立联系，建立信任，为成交打下坚实的基础。

用热情感染客户，让他无法拒绝你

销售不仅是一场商业交易，更是一场心灵的交流，在与客户沟通的过程中，只有用热情的语言去感染他们，才能让他们感受到我们的专业和用心。当我们能够用情感去触动客户的心灵时，他们往往更加愿意相信我们，并接受我们的产品和服务。

世界上最伟大的推销员乔·吉拉德就喜欢用热情来推销他的汽车。

一天，一位中年妇女来到汽车推销室观摩汽车，乔·吉拉德迎上去。中年妇女告诉他："今天是我的生日，我想买一辆白色汽车作为生日礼物。"

听了这个妇女的话，乔·吉拉德热情地说："哦，那太好了，夫人，祝你生日快乐！"之后，他便开始介绍各式各样的新式汽车，同时还带她观看了各种车模展示。

看到这个妇女看得投入，乔·吉拉德就暂时离开了一会儿。当他回来时，亲切地问："夫人，你看好了吗？"说着，从身后拿出一束鲜花献给了她，"生日快乐！"

这个妇女既感动又惊讶："谢谢你，我好久都没有收到生日礼物了。

第二章 设计话题切入，消除双方的距离感

我本来今天打算买辆福特，但现在觉得雪佛兰也不错。"说完，她很快就签了单。

正是这种让人无法拒绝的热情，让客户改变了初衷，让乔·吉拉德赢得了一单生意。

热情洋溢的话语能够触动客户的心弦，让客户感到亲切自然。

寒暄的最高境界就是：客户觉得和你有话可谈，能够与你成为知心朋友，并对你充满信任。

在咖啡厅里，一位气质高雅的女士正在喝咖啡。

保险规划师琳达走过来，礼貌地对这位女士说："你好，我可以坐在这里吗？"

这位女士抬头看了一眼琳达，没有说话，只是轻微地点了一下头。

琳达坐下后，看了看窗外："今天的天气真不错，阳光明媚。"

女士回答说："嗯，我也觉得挺好的。"

琳达："可能这话在你听起来有些突兀，不过我还是想说，你的这身衣服看起来很别致，跟你的气质很搭，这才让我在不知不觉间注意到了你。你的这身衣服一定价格不菲吧？"

听到琳达的话，女士就滔滔不绝地说了起来。她告诉琳达，这件衣服是她丈夫从国外为她带回来的礼物。她生活得很幸福，还有一个两岁的女儿。

听到这些，琳达询问面前的女士："那你想不想让自己的幸福更有保障呢？"然后，抓住时机告诉对方自己的职业……就这样，琳达不仅成功销售出去了一份保险，还跟这位女士成了好朋友。

琳达在寒暄的过程中，恰到好处地体现了自己的热情。虽然只是寒暄之语，但客户听后感觉非常舒服，有效地消除了客户的排斥心理，迅速赢得了客户的好感，为最终的成交做好了铺垫。

一个人最让人无法抗拒的就是他的热情，对方是否热情，决定了我们能否喜欢他、亲近他、接受他。热情会感染我们的情绪，带给我们美妙的心境，让我们感到愉快和兴奋。对于客户来说，热情的话语更是一种潜在的力量，会让客户在无形之中转变态度，激发客户的购买欲，满足客户的实际需求，实现成交的目标。那么，如何才能使寒暄既能显得热情，又不使人生厌呢？

1. 主动热情，诚实友善

寒暄时，不仅要选择合适的方式和措辞，更要配合主动热情、诚实友善的态度。试想，如果有人面无表情地对你说"我很高兴见到你"时，你会产生怎样的感觉？当别人用不屑一顾的态度夸奖"你很能干"时，你又做何感想？所以，只有将二者恰到好处地结合起来，才能达到寒暄的目的。

2. 不要过度，适可而止

不管做什么事情，都需要把握好"度"，寒暄也不例外。适度的寒暄有助于拉近双方之间的距离，如果热情过度，没完没了，反而会让别人觉得厌烦。因此与客户寒暄，要适可而止。

3. 声音高亢，自信大方

声音代表了一个人的底气和信心，当你说出一句话，是真诚的、善良的，还是虚伪的、狡诈的，客户一下就能感觉到。作为销售人员，声音高亢洪亮不仅代表了你对产品的自信，更能显示出你热情大方的个性。只有这样的声音，才能吸引更多的客户，给客户一种信服感。

4. 面带微笑，诚恳柔和

微笑是世界上最简单的语言，也最能打动人心。它可以展现你的修养、塑造你的人设，必要时还可以化解很多矛盾。面对客户时，你谈吐谦逊、温和，面露诚恳的微笑，将多么具有说服力！记住，只有你对客户诚恳以待，才能得到相应的回报。

营造与客户一见如故的感觉

一见如故，是与客户沟通的理想境界。无论是谁，只要具有跟初交客户一见如故的能力，便能给客户留下亲切和深刻的印象，接下来的沟通也会变得顺畅很多。

"故"字的力量不可小觑。如果客户把你当朋友，即使你这里的产品和别处的一样，价格贵一点，他也乐意和你交易。金牌销售人员往往都拥有独特的销售技巧，能够让自己与客户一见如故。

销售，其实就是跟客户打交道的过程。那如何才能在最短的时间内，让客户对你一见如故呢？

要达到一见如故的效果，销售人员可以通过以下技巧来实现。

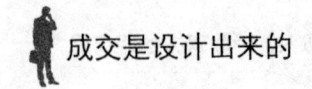

1. 攀亲认友

通常，对素不相识的客户，只要事前作一番调查研究，就可以找到或明或隐、或远或近的关系。见面时，如果你能及时拉上这层关系，就能缩短心理距离，使对方产生亲切感。

1984年5月，美国总统里根访问复旦大学。在一间大教室内，面对100多位初次见面的学生，里根是这样开场的："其实，我和你们学校有着非常密切的关系。你们的谢希德校长同我的夫人南希都是美国史密斯学院的校友，照此看来，我们就是朋友了！"此话一出，全场鼓掌。

2. 表达友好

用三言两语恰到好处地表达你对客户的友好情谊，或肯定其成就，或赞扬其品质，或同情其处境，就会顷刻间暖其心田，使对方油然而生一见如故之感。

在一档节目中，一位主持人说过这样一句话："今天我也和你一样感到孤独、寂寞、凄凉。"表达了对听众的充分理解之情，产生了强烈的共鸣作用。

3. 添趣助兴

说些风趣活泼的话，就能消除跟新客户交谈时的拘束感和防卫心理，活跃气氛，增添交谈兴致。

销售工作更多的是人与人之间的接触，只有认真对待每一个客户，把客户当成最亲密的人，让每一个人都能与你有一见如故的感觉，才能让销售工作开展得更为顺畅。

4. 在"同样"上做文章

（1）穿同样的衣服。如果你想跟客户会面，就可以模仿客户的穿着。如果客户是一位喜欢社交的程序员，你就可以穿一件 Polo 衫、戴一块智能手表。如果你是与财富 500 强企业的首席财务官见面，就可以穿一件阿玛尼衣服，戴一块劳力士手表。

（2）同样的肢体语言。如果客户无精打采，你就可以表现得无精打采；如果客户跷起二郎腿，你也可以做同样的事情。

（3）同样的说话语调。如果你们面对面会见，或者是电话会见，你的声音要进行少量调整，以匹配客户的声音。如果客户说话快，你就要以相同的速度说话。如果客户慢吞吞地说，你也要慢条斯理地说出你的话。同样，如果客户有口音，你也要带上少许的口音。这不是作假，因为每个人都会无意识地这样做。

（4）相同的表达语言。客户选择的单词是他们如何思考世界的表现，使用相同的词说明你也是那样思考的，你们是朋友而不是敌人。诀窍就是，要把客户的措辞自然地掺入你的对话中。例如，如果客户使用"真热"这个词来形容天气，你也可以使用"真热"来描述你今天的感受。

总之，和客户打好交道，就要让客户觉得你是他的朋友，和他是同一类人，这样客户才愿意向你购买商品或服务。

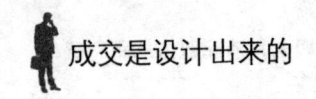

敞开心扉，用具有亲和力的话黏住客户

在销售过程中，有些销售人员会过度服务客户，不自觉地恭维和讨好客户；有些销售人员会通过客户的衣着打扮来确定自己的服务态度。其实，要想成交，需要销售人员真诚地对客户好，少说恭维的话，将心比心，敞开心扉，向客户表达敬意和尊重。

晚上 8 点左右，刘丽打扫完卫生准备下班，一对夫妻走进了门店。他们说要选一件上衣，刘丽便给他们介绍了几款新品和性价比比较高的产品，没想到客户直接看上了店里最贵的一款衣服。

若是在过去，刘丽肯定会直接赞美客户的眼光，挑客户喜欢听的话来恭维对方，用夸大其词的推销战术拿下客户的订单。但多年的工作经历告诉她，要将心比心，站在客户的角度思考问题，不能只盯着客户的口袋看，不能过度推销，要真正发自内心地对客户好，适合客户的就拿给客户，不适合的，即使客户要，也不能给。

因此，虽然客户看上了那款最贵的衣服，但考虑到这款衣服只适合某个特定场所，刘丽就问客户："你们打算在什么场合穿这款衣服？"客户回答说要出去旅游穿。

考虑到旅游的衣服最好选休闲、比较舒服的，且客户去的地方比较热,而这款衣服却比较厚,刘丽便告诉客户旅游时穿这款衣服的不便之处,并给他们推荐了适合旅游的两款衣服,价位比那件衣服便宜很多。

客户对刘丽的服务特别满意,并感谢她真心地为他们考虑,最终购买了刘丽推荐的两套运动服和一双鞋。

专门挑客户喜欢听的话来恭维客户,可能会让客户觉得欢喜,但恭维让我们的语言掺了水分,会降低客户的信任。要想让客户愿意靠近,拉近与客户的距离,就要敞开心扉,站在客户的角度讲肺腑之言。

囿于惯性思维,是很难迈出真实表达自我的第一步,将情感束缚在固定的语言模式内,只能令寒暄变得呆板、枯燥。所以,如果想要让开场白听起来充满感情,不管你是喜欢客户的发型,还是偏爱客户的性格,都可以在第一时间大胆地表达出来。

另外,面对陌生的销售人员,客户通常会因存有顾虑而拒人于千里之外,如果这时我们能够用充满关爱的话语作为开场白,便能很好地消除客户的抵触心理。

销售的目的是把产品卖出去,但销售的过程并不仅仅局限于聊商品,而是要将或温婉,或激情,或自然,或爽快的语言传递给客户。那如何才能让语言更具亲和力呢?需要注意以下几个方面。

1. 语言要隽永含蓄

一看到客户,就直白地向对方兜售产品,通常不会引起客户的兴趣。直言不讳并没有错,但如果大家千篇一律,即使你的产品很出色,客户也不愿花时间去了解。如果你能换一种表达方式,在含蓄中带点直白,在温柔中带些力量;既有提醒,又有暗示,层次分明,详略得当,让客户体会犹抱琵琶半遮面的趣味，客户往往更容易接受你。

2. 语言要清新委婉

销售人员的语言生硬平淡，只会使客户远离；如果能让客户感到温暖，自然会博得客户的欢心。比如，适当地使用一些结尾语气词"吗""吧""啊""嘛"等，就会使你的语气带有一种商量的口吻，不会显得那么生硬。

当你想要向客户表示否定时，不妨把"我认为你这种思想有偏差"改为"我不认为你这种思想很全面"；把"我感觉你这种做法不对"改为"我不觉得你这样做正确"。如此，不仅不会让你的语气显得太直接，还会让客户有一个缓冲的余地。

如果客户提出的要求你无法达到，就可以提一些新的建议。如客户问："我们这周二洽谈一下怎么样？"你可以说："这周五应该也是一个很不错的时间。"

3. 多说"请"和"谢谢"

"请"和"谢谢"不仅说起来方便简单，而且很容易愉悦客户的心，是与客户建立融洽关系、提高客户忠诚度的有力言辞。

当你向客户表达感谢或施以礼貌的请求时，你在客户心中的地位和价值就会有所提升。多说"请"和"谢谢"不但能提高自身修养，更有助于你获得客户的订单。

记住：要想接近客户，获得客户的好感，就要让他产生宾至如归的感觉，让他感受到你的亲切和关怀。

制造一些幽默点，让客户笑一笑

幽默感能够迅速打破僵局，让沟通变得更加流畅。面对客户，一句适时的幽默话语往往能够让对方放松警惕，产生更多的共鸣。

在一次产品演示会上，客户对产品的某个功能表示疑惑，这时只要用一句幽默的话就能化解尴尬："别担心，这个功能就像你的智能手机一样智能，只是它不会在你睡觉时偷偷发送短信给你的前女友。"

这样的回答不仅让客户感到轻松，也展现了我们的专业与自信。

幽默具有很强的感染力，恰当地运用幽默，可以缓解紧张情绪、建立和谐氛围、拉近双方之间距离、建立信任关系和客户满意度，从而快速成交。

在东京街头的一家商店前，几个衣着鲜艳的年轻小姐围绕着一辆新型轿车，时而唱歌跳舞，时而又说又笑，还钻进汽车做出各种驾车动作，活泼风趣，吸引了不少人围观。很多人不明就里，被吸引过去，挤进去一看，才知道这是一家公司为新近推出的一种新型轿车而搞的销售宣传活动。这一活动，让该款车型声名大振。

幽默的人不管走到哪里，都会将笑声带到哪里，也会将轻松愉快的氛围传递给别人。一个幽默的销售人员，在整个交易过程中，都会给客户带去快乐，使客户倍感轻松。

推销是经营的关键，成交与否直接影响着经营效果的好坏。利用风趣的表演引起购买者的注意和兴趣，往往可以达到推销的目的。

在销售的过程中，能够让客户笑出来，就能离成交更进一步，因为这可以缓解客户的压力，增强客户的愉悦感和购买欲。客户一旦放松了，戒备心自然就会慢慢降下来。所以，在销售过程中，为了缓和与客户之间对立的气氛，更快地达到合作的目的，不妨来点小幽默。

1. 适度幽默

在销售过程中，适当地讲一些小笑话，能迅速降低客户对我们的敌意，促使快速成交。但千万不要过度，如果掌握不好分寸，会给客户留下轻浮、不值得信任的印象；过多或过于夸张，会让客户感觉到不自然、不舒服、不自在。

2. 保持微笑

在幽默的过程中，我们一定要保持微笑，否则，幽默很可能被误认为是讽刺。你的微笑其实是在告诉客户，我此刻说的话是为了让你高兴起来。在开玩笑时一本正经，本来很有趣、很有意思的玩笑，也会变成极有讽刺意味的话，从而破坏你们之间的关系。

3. 不聊私事

可以对一些紧急出现的尴尬场面进行调侃，但不要拿客户的私人问题说笑，以免引起对方的不悦，让客户觉得你不尊重他。同时，为了避免引起误会，还要做到措辞明了。

4. 不要淡化主题

我们和客户交谈的目的只有一个，即达成交易。有些人说话很幽默，开玩笑的方法也相当高明，但一开起玩笑来，就将客户的思路越拉越远，冲淡了谈话的主题，无法促成最后的成交。所以，一定要注意避免犯这样的错误。

向客户虚心请教，打开他的话匣子

真正的销售高手，还会利用向客户请教问题的方法来引起客户的注意。因为他们知道，有些人好为人师，喜欢指导、教育别人，或显示自己，自己有意找一些不懂的问题，或装不懂地向客户请教，一般客户是不会拒绝的。

一位装修设计师让戴维感到很头痛，连续三年，戴维每个周末都会抽时间去拜访他。他从来都没有拒绝戴维，并且每次接见他都很热情。但他一直都没有决定让戴维来装修他的别墅，只是很有礼貌地和他谈话，还很仔细地看他带去的东西。可是，到了最后他却总是说那句话："戴维，我们依然谈不成这笔生意。"

经过无数次的挫败，戴维开始反省自己在销售过程中存在的问题。据他的了解，那位服装设计师为人比较自负，别人设计的东西他大多都看不上眼。后来，戴维想到一个办法。

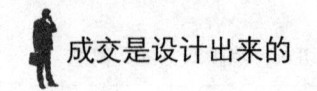

在一个周末，戴维再次来到那位服装设计师的办公室，只不过手上多了几张尚未完成的设计草图。

他对服装设计师说："李先生，如果你愿意，能否帮我一个小忙？我这里有几张尚未完成的草图，能否请你告诉我，我们应该如何把它们完成？"服装设计师仔细地看了看图纸，发现设计人的图纸很有创意，就说："戴维，你把这些图纸留在这里让我看看吧。"

几天时间很快过去，戴维再次来到他的办公室，服装设计师对这几张图纸提出了一些建议，戴维虚心地用笔记下来，然后回去按照他的意思很快就把草图完成了。服装设计师大为满意，全部接受，同意了由戴维来装修他的别墅。

从那以后，戴维销售时总是先问买主的意见，虚心向买主请教，然后再根据买主的意见绘制图纸。那些买主对戴维的图纸非常满意，因为这相当于是他们自己设计的。这样，戴维从中赚了不少的佣金。

戴维之所以花三年时间来拜访这位服装设计师都没有取得成功，就在于他以前总是只顾自己表现，从来不问问客户的想法。而服装设计师是一个很自负的人，他对别人设计的草图百般挑剔，自然会拒绝戴维的销售。之后当戴维改变了销售策略，虚心向客户请教意见，按客户的意思去改进产品时，他就无法拒绝有他自己一份设计在内的产品了。

所以，在销售过程中我们一定要谦虚，尽量把表现的机会留给客户，让客户多提一些宝贵建议，变"我要卖"为"他要买"，才更有利于最终的成交。

一位心理学家说过，如果想树立一个敌人，就去拼命地超越他、挤压他；如果想赢得一个朋友，就必须做出点小小的牺牲，让朋友超越我们，在我们的前面。因此，要想打开客户的话匣子，完全可以先向客户请教一些对方擅长的事情，客户往往会很乐意为你解答，然后再渐渐地将注意力转移到销售的产品上。其实道理很简单，就是每个人在他人面前都想满足自己的表现欲。

在向客户虚心请教时，应该注意以下几个方面。

1. 做个忠诚的听众

在客户讲话时，不要轻易另起话题突然打断，这是交谈中的一个忌讳。如果你不得不打断，就要看看对方的反应，因为打断对方的讲话意味着你不赞成对方的观点或你没有耐心听对方讲话。

2. 跟着对方的思绪走

调查显示，多数人听讲的接收速度是讲话速度的四倍，也就是说，一个人一句话还未说完，但听者已经明白他讲的意思了。尽管如此，我们也要跟着对方的思绪，听他到底要讲什么内容，因为只有这样做，你才可能听出对方的立场和话外之音。

3. 适当地迎合

在客户讲述时，你要在口头上讲一些表示积极应和的话，比如"我明白""真有趣""是这样的"。表明你确实在认真地听客户讲话，这样客户才会对你产生信任。

向客户表明你在认真地听他讲话的方法还有：你向他就有关问题进一步澄清，或希望得到更多的有关信息。这些表现很重要，绝对不要用"嗯、哦"来表明你的共鸣，否则会让他人听起来像是你在敷衍他。

4. 确认对方的讲话

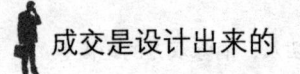

为了理解客户的讲话，就要将这些讲话做出概括总结。它不仅表明你确实在认真地听对方说话，也为潜在客户提供了一个帮助你澄清可能的误解的机会。对于一些不能肯定的地方，你也可以通过直接提问的方式，来寻求客户的证实。

给故事植入产品，让用户为之动心

古希腊哲学家柏拉图说过："谁会讲故事，谁就拥有全世界。"人类天生就爱听故事，当一个故事开始，我们就会随着讲述者的描绘落入情境中，与讲述者产生情绪连接，甚至产生立刻采取行动的冲动。

这就是故事的力量！如果你不相信，那么就来问问自己：

假如你要买一款减肥瘦身产品，你是愿意听产品的功能，还是愿意听用户使用产品后的故事？

假如你要报名一个英语培训课程，你是愿意听课程的大纲，还是愿意听学员学习后的故事？

假如你要做一个网络营销推广，你是愿意听产品特点，还是愿意听推广客户效果的故事？

……

相信，多数人都会选择后者。

当情感在故事中传递，价值在情感传递中被呈现时，倾听者的情绪和决策都会受到影响。会讲故事的销售人员，就能运用故事的力量传递信息，让客户去沉浸感受，潜移默化地被影响。

故事就像一根魔法棒，可以让复杂的东西变得简单，让人产生共鸣，从而达到交流分享的目的。

在同一条街道上，有两家做户外求生产品的门店。其中门店乙始终做得比门店甲好，秘诀究竟在哪里？

客户走进门店甲，销售人员笑容满面地走过去打招呼："这位女士，你好。我们产品非常好。在同样的户外求生产品中，我们使用的面料是最早获得国际认证的。"

客户看了看，点点头，没说话。销售人员接着讲："现在我们正好有促销活动，七五折，很划算的。"客户又点了点头，然后离开。

客户出了店门甲，一转身又进了门店乙。工作人员看到他，说："这位美女，你好。你一进来，我就发现了，你穿的是耐克运动鞋，想来你平时比较喜欢运动。不知道你都喜欢什么样的户外运动？"

客户说："嗯，登山。"

销售人员不紧不慢地说："我有个小建议，不知道你有没有兴趣听一下？"

客户感到有些奇怪，便同意了。

销售人员说："运动时，穿专业的运动鞋，可以保护脚部。同样，登山也要穿专业的登山鞋。我老公就特别喜欢登山，还创建了一个登山群。有一次，他穿着我新给他买的阿迪达斯运动鞋去登山，结果才出去两次，

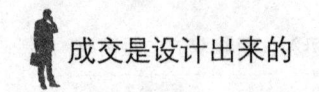

那双鞋就坏了。鞋的确是好鞋,但适合一般的运动用,不适合登山用。我们店里的鞋有很强的防滑功能,还很舒适,能让你在爬山过程中体会到更多的乐趣。"

然后,两个人就交流起登山经验来。最后,客户买了两双鞋,满意地离开了。

看到这里,相信你已经明白门店甲的业务为什么比不上门店乙了,主要就在于它们的销售方式。

社会心理学家乔纳森·海德说过:"人类的大脑是故事处理器而不是逻辑处理器。"人类天生就爱听故事、记故事,但不爱听数字,更记不住数字。因此,想让客户记住你,就要给客户多讲故事。

信息化社会,人们的时间变得越来越碎片化,只是背书似的给客户讲产品卖点,会让他们失去寻觅好物的兴致,如若能风轻云淡地给客户讲讲产品背后的故事,销售的场景就会给人另一番体验。

那如何才能学会讲故事,用故事激发出客户的感性思维,用故事让销售更有说服力?

1. 讲故事的原则

(1)目的要清晰。销售过程中讲故事与生活中讲故事存在一定的差异,生活中讲故事主要是为了娱乐,而销售讲故事是为了说服别人。因此,要想讲好销售故事,首先要考虑的是:故事的作用是什么?故事讲完能否引起客户的共鸣?能否让客户做出购买决定?如果没有针对性,讲的故事再动听,对最终的成交也没有帮助。

销售过程中以故事为引导的目的,大致可归纳为四类:建立信任关系、挖掘客户的潜在需求、触发客户的购买动机、打消客户的疑虑。因此，在开始讲故事之前，我们就要明白：要讲的这个故事是否与现阶段的销售需求相匹配？之后，才能用提问的方式开始讲故事，比如"我曾经遇到过一位跟你有同样想法的客户""我们服务是如何做到这一点的呢？"如此，才能抓住客户的注意力，让客户跟着你进入故事情境。

（2）内容要真实可信。真实的故事最具说服力，同样只有故事的内容是真人真事时，才会获得客户的信任。以故事的方式讲给新的客户听，生动地描述产品的创作故事，在故事中讲出准确的人名、地名、时间等，抓住故事中的细节，就能提升故事的真实感。故事中细节越多，可信度就越高。

（3）不能只围绕自己展开。有时候，因为对产品相当熟悉，我们会对产品有着更细致的体验，但客户不一定会明白，只讲自己的感受，很容易造成误解，会被认为是在自夸。如果能借助第三方的故事来呈现，效果就大不一样了，比如，可以讲讲曾经那一对来挑首饰的新人是如何在结婚纪念日时再次回购的，讲讲老客户是如何放心地在本店选购重要礼品的……通过第三方的好评打消客户心中的疑虑，销售就能更顺利地进行下去。

2. 讲故事的技巧

（1）留意身边事，建立故事库。一个好故事就是一篇好文章，写好文章离不开素材，同样，销售过程中要讲出好故事，也要有素材，因此需要提前在头脑中建立一个故事库。

收集故事可以从多个角度去花费心思：

从产品角度，可以看到产品的创作初衷，以及背后所包含的故事。

从客户角度，有客户的个性需求背景，有选择产品的特别过程，还有最终选择后的反馈。

从销售者自身，可以收集亲身经历的销售成功案例、亲眼所见的同事服务客户的故事等。

一个人就有一个故事，一个故事就包含一种情感。每个品牌、每款产品都有着特殊的背景和故事，或深邃，或甜蜜，或艰辛，或引人深思，这些故事都会给客户留下深刻印象，让他们投入感情，甚至成为粉丝。

（2）故事有画面感。我们讲故事，需要给客户创造画面感，引导客户进行感官体验。这种体验可能是真实的产品体验，也可能是引导客户进入情境"想象"。比如，卖珠宝的人讲："你手上戴的不仅仅是钻石，更是两情相悦恒久相守的承诺啊。"从这句话中，客户就会感受到一幅温馨浪漫的画面，仿佛把客户送到了一个充满幸福和喜悦的婚礼现场。

（3）故事简短有力。销售故事的目的是促进销售成交，而不是要讲一个精彩的故事让客户永生难忘。为了让客户认同，对销售结果有帮助，在销售过程中讲故事，就要精炼语言，让故事更简短。因为客户既没那么多时间听我们讲故事，也没有那么多注意力，很多时候我们可能根本就不需要讲完，只要客户出现了购买的意愿，就立刻打住，引导成交。

另外，对于同一个故事每个人的理解都是不一样的，因此一定要讲清楚故事表达的核心，故事是背景，表达的观点才是主角。

第三章
找到客户的痛点、痒点和嗨点

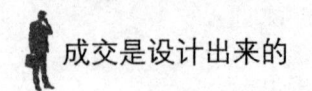

痒点：找到客户的痒点，为销售创造话题

痒点是促使客户心中的"想要"，让他一看到、一听到你这样的产品，心里就痒痒，就特别有兴趣，特别向往。就像即使是经济条件不太好的人士，也对苹果手机特别向往，只要一看到那赏心悦目的外观，一想到那超酷的性能，心中就激动万分，恨不得立刻拥为己有。

一天，一位女士走进百货商店，问工作人员："有没有灰色手套？"

"抱歉，已经没有了。"

工作人员虽然说了声抱歉，但态度很冷漠，女士感到很失望。

这时，一位老者走过来，直截了当地对工作人员说："刚才如果是我，我就能卖给她一副白手套。"

"如果卖不成，怎么办？"工作人员满脸不高兴。

这时又来了一位客户："有没有银灰色的手套？"

老者迎上前去，以爽朗的声音答道："很抱歉，刚刚卖完，再过几天才进货。进货前，你能不能用白色的替代呢？"

"但是……"

"白色手套更醒目，而且与你的时装更相符。最近，比较流行这种白色。"

面对老者的恳切之情，客户说："好吧，买白色的也行，不过白手套容易脏。"

"白色确实容易脏，需要勤洗。我想，如果再有一双替换的，那就方便多了。"

老先生声调柔和、诚恳，有着令人难以抗拒的魅力。客户听后，立刻露出了愉快的笑脸，高高兴兴地买了两双白手套。

所谓"难者不会，会者不难"，工作人员一天卖不出去一双白手套，而这位老者不费吹灰之力就将两双白手套卖给了同一位客户。由此看来，只有了解客户的消费心理，并针对不同的客户需求采取适当的措施，才能真正洞悉客户的心理，更好地说服客户，并激发客户潜在的购买欲。

客户的购买行为是一个动态的、交互式的过程，且其购买决策的有效性会随着自己的特点及消费心理的变化而变化。因此，我们应洞察客户的心理活动，利用品牌形象、面对面交流、客户参与等机会，引发客户对产品的关心与注意，激发那些存于客户身上的潜在需要，并促使他们做出最终的购买决定。

满足客户的欲望，就抓住了客户的痒点。每个客户都有自己独特的需求和期望，我们只要能准确地触及这些需求，并提供相应的解决方案，客户就有可能选择购买。了解了客户的欲望，我们就能更好地满足他们的需求，从而增加成交的机会。

那如何才能刺激客户的购买欲望呢？不妨试试以下几种方法：

1. 建立信任

要想顺利成交，就要让客户对我们以及我们所推销的产品建立起信任；

然后，再检验客户对推销者态度的转变过程，检验客户对推销人员的信任是否达到有购买欲望的程度。

态度的转变是连续的、一元性的，而信任程度是可以检验的。在客户对产品产生兴趣后，要及时检验客户对产品的认识程度，比如，询问客户是否有不明白、不理解的地方，是否需要进一步示范和说明……如果有，应立刻进行再示范、再说明，直至客户表示明白并形成良好印象。

同时，还要认真聆听及询问客户，了解客户销售还有什么疑虑，尤其是客户在购买动机方面还有哪些疑虑，然后再进行重点介绍与示范。如果发现客户对你仍不信任，就要有针对性地证实诚意。

2. 强化情感

有些客户虽然对产品产生兴趣，但不会购买，或提出一些不能成立的理由。这说明客户缺乏购买的欲望，不是因为对产品无兴趣或不了解，而是情感上仍不能全部接受。要知道，一个不想被说服的人是永远都不会被说服的。如果客户情感上有对立情绪，无论你怎样介绍产品，也不可能激起客户的购买欲。因此，发现客户在情感上仍有消极心态时不要急于介绍产品，而应再一次对客户的问题、困难、处境等表示同情与理解。这时，我们要重新建立客户信任，重新让他们理解我们愿意为其服务的愿望。

3. 诱导客户

在考虑是否购买产品时，多数客户都会权衡利弊。只有当客户意识到拥有产品会有众多利益时，才可能有强烈的购买欲望。因此，我们应多方面举例，详述获得产品的好处。要想激发客户购买欲望的目的，就要站在客户的立场上，介绍拥有产品的利益与收获，诱导客户去想象购买产品后的种种好处和不买的遗憾。

4. 充分说理

诱导是从情感上激发客户的购买欲，而充分说理是用理智去唤起客户的购买欲望。充分说理就是摆事实、讲道理，为客户提供充足的购买理由，比如，销售产品时，我们应将准备好的证据提供给客户过目。这些证据包括：有关权威组织部门的鉴定、验证文件；有关技术与职能部门提供的资料、数据、认可证书；有关权威人士的批示、意见等；有关购买与使用者的验证、鉴定文件、心得体会、来信来函等；有关部门颁发的证书、奖状、奖章等。

5. 合理展示

销售是客户和我们共同参与的活动，推销实物产品时，我们的表现要像一个游戏节目的主持人，把客户引导至产品前，通过对实物的观看、操作，让他们充分了解产品外观、操作方法、具有的功能以及能给客户带来的利益。如果客户愿意投入时间观看我们的展示，表示他确实有潜在需求，这时我们要把握住机会。值得说明的是：展示不是做产品特性的说明，而是要刺激客户的购买欲望。

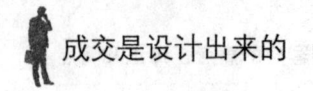

痛点：找到客户痛点，继续推进销售

所谓痛点，就是客户担心害怕的恐惧点，比如，怕老、怕死、怕穷、怕孤独、怕不健康、怕没希望、怕被别人看不起等，从另一个角度来说，痛点就是你的产品、你的服务能够帮客户解决什么实际害怕的问题。比如，你的产品或方案能够帮客户解决健康问题，能帮客户解决他担心生皱纹的问题……只要能让客户感觉到"这就是我最想要的"，就能打动客户，让他心甘情愿地购买。

这里有两个例子：

案例1.痛点—上火

一个本来嗜好吃香辣火锅的美食爱好者，可能会因为怕上火而不敢吃了，这会影响他的食欲，影响他正常的生活所需。王老吉发现了这个问题后，告诉客户："我能帮你解决这个问题。"最终大获成功。

案例2.痛点—胃疼、胃酸、胃胀

如果胃出现了问题，我们就不能喜笑颜开了，就不能正常生活和工作，面临的只能是痛苦，为了帮你解决这个问题，于是就有了："胃疼，胃酸，胃胀，就用斯达舒！"因为，这句话直指客户的问题，直达客户的痛点。

一句话，客户在生活中所担心的、纠结的、不方便的问题，就叫痛点。我们要做的，就是发现某个问题，然后将它解决掉，最后毫不客气地告诉客户：我能帮你解决这个问题，如果你有这个问题，就选择我！

奥美广告创始人大卫·奥格威说过："推销灭火器的时候，先从一把火开始。"对火的恐惧，能够激发人们对灭火器的购买欲望。这就是所谓的用户痛点。只有真正理解客户、知道客户的痛点是什么，并让客户清楚自己的痛点问题是什么，然后再给出解决方案，给出专业建议，才能打动客户，让客户有"想要立即拥有"的感觉，才能达成共识，促进交易的达成。那么，如何挖掘客户痛点呢？

1. 打开客户心扉

在销售过程中，建立信任关系是挖掘客户痛点的第一步。面对销售人员时，多数客户都会有所保留，不愿意轻易透露自己的需求和痛点。这时候，就要通过真诚的态度、专业的知识和耐心的倾听，与客户建立起信任关系。

首先，要表现出真诚和热情，让客户感受到自己被给予了关心和尊重。在与客户交流时，要注意语气、表情和肢体语言，保持微笑和眼神交流，传递出积极、友好的信息。

其次，要具备丰富的专业知识和行业经验，为客户提供有价值的建议和解决方案。当客户遇到问题时，要迅速给出专业的解答和方案，从而赢得客户的信任和认可。

最后，要耐心听取客户的意见和需求，不要急于打断或推销产品，要通过提问和引导，让客户充分表达自己的想法和感受。

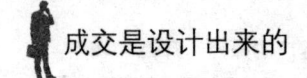

2. 了解客户潜在需求

建立了信任关系后，要进一步深入了解客户，发现其潜在需求，以便更好地把握客户的需求和痛点。

首先，要了解客户的行业和市场环境。不同行业的客户面临着不同的挑战和问题，我们要了解行业的发展趋势、竞争格局和政策法规等信息，来为客户提供有针对性的解决方案。

其次，要了解客户所在的公司和职位。了解客户的公司规模、业务范围、组织架构等信息，可以更好地理解客户的需求和痛点。同时，了解客户的职位和职责，能更准确地把握客户的需求和期望。

最后，要了解客户的个人兴趣和偏好。个人兴趣和偏好往往影响着客户的购买决策，要通过与客户交流、观察客户的行为和社交媒体等途径，了解客户的个人喜好和价值观，从而为客户提供更加个性化的服务。

3. 揭示客户痛点

深入了解客户后，我们要通过提问和引导的方式，揭示客户的痛点。

提问是挖掘客户痛点的重要手段，通过巧妙的问题，就能引导客户深入思考自己的需求和问题，从而发现潜在的痛点。

首先，可以提出开放性问题，引导客户详细描述自己的情况和需求。例如，"你在使用现有产品时遇到过哪些问题？"这样的问题可以让客户自由发挥，表达出自己的想法和感受。

其次，可以针对客户的行业、职位和个人情况，提出更具针对性的问题。例如，"你在工作中是否遇到过团队协作方面的问题？"这样的问题可以更直接地触及客户的痛点。

最后，可以运用假设性问题，通过假设某种情况或场景，引导客户思考可能的解决方案和效果。例如，"如果我们能为你提供一个更高效的协作工具，你认为会对你的工作产生哪些积极影响？"这样的问题可以激发客户的想象力，帮助他们认识到潜在的需求和痛点。

4. 发现非言语信号

观察和分析客户的非言语信号，包括客户的表情、动作、语气等，可以帮助我们了解客户的真实想法和感受，发现客户的痛点。

首先，要观察客户的表情和动作。客户的表情和动作能够反映出他们的情绪和态度。例如，当客户表达不满或困扰时，可能会出现皱眉、叹气等表情和动作。我们要敏锐地捕捉这些信号，以进一步了解客户的痛点和需求。

其次，要分析客户的语气和语调。语气和语调是表达情感和态度的重要方式，当客户在描述问题时，语气中可能透露出焦虑、不满或急切等情绪，要仔细倾听，并从中发现客户的痛点和需求。

5. 总结和反馈

总结和反馈不仅可以帮助我们梳理客户的需求和问题，还能让客户感受到自己关注和重视的地方。因此，在挖掘客户痛点的过程中，要及时总结反馈，确认客户的痛点。

首先，要对客户的痛点和需求进行梳理和总结，确保准确理解客户的意图和期望。在总结过程中，我们可以运用自己的专业知识和经验，为客户提供有价值的建议和解决方案。

其次，要向客户确认痛点和需求。确认的过程可以通过提问或复述的

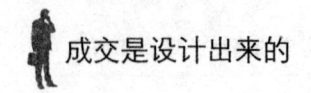

方式进行，例如，"你刚刚提到的这个问题，是不是对你的工作产生了很大的困扰？"以便让客户感受到被理解和尊重，并确保双方对需求和痛点的理解一致。

嗨点：让客户产生惊喜、兴奋的感觉

所谓嗨点，就是能给客户带来惊喜、兴奋的刺激，让客户立刻产生快感。

在快节奏的社会中，人们对即时满足的需求越来越高。比如，在购物过程中，如果商家能够提供极速配送服务，让客户在短时间内就能收到心仪的商品，这种高效的购物体验就会成为客户的嗨点。

周末，李军去拜访一个好朋友，一见面，好朋友就问他："晚上有安排吗？"

李军呵呵一笑："除了哥哥你，谁还会记得我呀。"一句自嘲的玩笑话，一下子拉近了双方的距离，让对方很受用。

接下来，朋友问他是不是还在做销售，李军笑着说："是的，我呀，现在能有工作已经很满意了，哪像你呀，事业有成，兴旺发达，我一个月赚的钱，都没有你一天花出去的钱多。"

听着这样的夸赞，朋友嘴上谦虚，心里很爽，立马就心生想要帮助他的想法："这个月的业绩完成了吗？需不需要我帮你一把？"

李军回复道:"非常感谢你,这么用心帮我,我做事有个原则,如果只是单纯为了帮助我,只是对我自己有利,这样的业绩我宁愿不要,我想要的是双方共赢。这样才是最完美的,你说呢?"……

有人说,销售就是聊天,聊天的最高境界就是让对方"嗨",对方"嗨"了,你才会有机会,因为你说的话,让他觉得很舒服、很动听,尤其是你的低调、你的请教姿态,更容易让对方产生想要帮助你的想法,这时你再恰到好处、不失时机地进行观念引导,激发出他的需求,如果他刚好有需要,而你讲得有道理、很专业,就容易一拍即合、水到渠成。

那么,如何才能与客户愉快地切入呢?

第一招:聊客户看重的事情

每个客户都有自己关心的事,也许是家庭、事业、健康,或者是某种兴趣爱好。要想赢得客户的好感,就要学会聊他们看重的事情。这样不仅能引起客户的共鸣,还能让你更深入地了解他们的需求和期望。

举个例子,如果客户是一位企业家,他最看重的事情可能是企业的成长和利润。你就可以和他这样聊:"听说你在商界打拼了很多年,一定有很多宝贵的经验。你觉得企业要想持续发展,最重要的因素是什么?"这样的话题,不仅能让客户感到被尊重和认可,还能为你提供有用的市场信息和业务机会。

此外,你还可以通过聊客户的家庭、职业、兴趣爱好等内容,深入了解他们的需求和期望,比如,"听说你有一个幸福的家庭,你能分享一下你和家人相处的故事吗?"或者问:"你在工作中追求的目标是什么?你认为一个成功的企业家应该具备哪些品质?"通过这些问题,你就能更好地

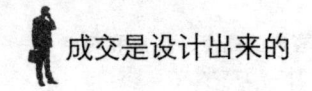

了解客户的生活和价值观，更好地满足他们的需求。

第二招：聊客户值得骄傲的事情

每个人都希望被认可和赞赏。当你和客户聊天时，多聊聊他们引以为傲的事情，让他们感受到你的关心和尊重，不仅能拉近你和客户的距离，还能让你更深入地了解客户的价值观和成就动机。例如，如果客户在某个领域取得了显著成就，你可以和他这样聊："听说你在××领域取得了很大的成功，真是令人钦佩。你能分享一下你成功的秘诀吗？"这种赞美和请教的态度，不仅会让客户感到非常愉悦，也会增加他们对你的好感。

除了聊客户的成就，你还可以聊客户的特长和爱好。比如，"听说你钢琴弹得很好，你能分享一下你学钢琴的经历吗？"或者问："你喜欢摄影，能分享一下你拍摄的照片吗？"这些话题能让客户感到被重视和认可，也能让你更深入地了解客户的兴趣和特长。

第三招：聊能让客户兴奋的话题

每个人都有感兴趣的话题，客户也不例外。要想和客户愉快地聊天，就要善于发现他们兴奋的话题，并从中寻找机会。比如，客户喜欢旅游，你可以说："你去过那么多地方旅游，一定有很多难忘的经历吧？你最喜欢哪个地方？为什么？"这种话题往往能引起客户的共鸣，让他们愿意和你分享更多的经验和感受。

同时，你还可以从客户的旅游经历中了解到他们的生活方式和价值观，从而为进一步开拓业务做好准备。

当然，除了旅游，还可以聊一些热门话题、新闻事件、文化活动等。比如，最近热门的电影、音乐、时尚等，都是与客户交流的不错的切入点。

总之，要想成为销售高手，就要学会与客户愉快地聊天。

敏感点：认真观察，找准客户的敏感点

在销售过程中，要给客户充分的理由，让他们感受到自己即将得到的好处和利益，如此他们才会争抢着为你的产品买单！那么，你给出的理由到底应该是什么呢？应该是客户自身的敏感点，也就是真实需求。

客户在某服装专柜试穿了一套纯羊毛西服。

客户："价格能不能再低一些？"

销售人员："很抱歉，我们专卖店的货品保证质量，都不打折。"

客户："如果出现质量问题，怎么办？"

销售人员："如果发现质量问题，一个星期内都可以换货。"

客户："这套西服平时应怎样洗涤？"

销售人员："因为这是毛料质地的，所以你最好到干洗店干洗。"

从这些问题来看，客户可能看中了这套纯毛西服并有了购买的打算，只要我们积极回应客户的问题，打消他的疑虑，成交的可能性就会很大。

人人都有需求。有的是明确需求，比如吃喝住行；有的是潜在需求，比如改善生活现状。个人的心理需求是决定购买决策的最大因素。在物质丰富的今天，人们低层次的需求大多已经得到满足，这让高层次的需求成

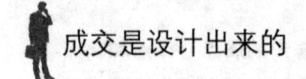

为打开客户心门的钥匙。

销售要做到像医生给病人看病一样，对症下药，保证药到病除。在向客户推销产品时，首先要全面、充分地了解客户的需求，然后引导客户解决他的需求问题，这样才能让他们主动合作，主动下订单。最好不要强行地去推销产品，要注意倾听，并引导客户，解决客户心中的问题，找到进入客户真正需求的捷径与切入点，发现和满足客户的需求，从而促使客户跟你合作。

1. 目光敏锐、行动迅速

客户是我们的服务对象，观察客户不能表现得太过分，要目光敏锐、行动迅速。

观察客户可以从以下角度进行：

（1）年龄。观察客户的外貌估计其年龄，以便打招呼时选用合适的称呼。例如，客户是一位40多岁的女性，可以称她为大姐；客户是一位30多岁的女性，可以称她为女士。

（2）服饰。观察客户的穿着打扮，估计其收入、消费水平和审美观点。

（3）语言。观察客户讲话的口音、语气，估计其是来自外地还是本地人。

（4）肢体语言。观察客户的表情动作和神态举止，估计其属于哪种类型的客户，并考虑应如何应对。在观察客户时要表情轻松，不要扭扭捏捏或紧张不安；不要表现得太过，像是在监视客户或对他本人感兴趣；更不能以貌取人，凭主观感觉去对待客户，要尊重客户的愿望。

2. 感情投入、认真细致

感情投入到位，就能理解客户的一切。我们要能设身处地地为客户着想，通过客户的眼睛去观察和体会客户的需求，并不断问自己："如果我是这个客户，我会需要什么？"只有这样，才能为客户提供优质有效的服务。

在遇到不同类型的客户时，我们需要提供不同的服务方法。

（1）烦躁的客户。要耐心地、温和地与他们交谈，细心地为他们提供服务和帮助。

（2）有依赖性的客户。要态度温和，富于同情心，为他们着想，提些有益的建议，但别施加太大的压力。

（3）对产品不满意的客户。对他们所持的怀疑态度，要坦率有礼貌地解答，保持自控能力。

（4）想试一试的客户。他们一般都寡言少语，得有坚忍毅力，为他们提供周到的服务，并要显示自身的专业水准。

（5）常识型客户。他们有礼貌、有理智，要采用有效的方法待客，用友好的态度回报。

3. 预测需求，想客户之所想

预测客户需求，目的是给客户提供他们未提供的但需要的服务。

一般而言，客户有五种类型的需求，以买化妆品为例：

某客户对销售人员说："我想选购一套价格高些的化妆品。"

她的需求可能是：

（1）说出来的需求。比如，客户想要一套价格昂贵的化妆品。

（2）真正的需求。比如，客户想要的这套化妆品，能为她带来品位和魅力，但价格不菲。

（3）没说出来的需求。比如，客户想获得优质服务，贵的东西要有好的服务。

（4）满足后令人高兴的需求。比如，客户买套装化妆品时，附送一包卸妆棉。

言谈举止中，透露着个人的真实想法，想知道对方想什么，不要看他说什么，要看他做什么。记住，隐性需求才是真实需求，且数量远远高于显性需求。

对症下药：找到客户的"隐性需求"，将其解决

客户没有意识到自己潜伏的、朦胧的需求时，是不会有购买行为的。客户的行为会受到"理性"的干扰，要想顺利收获订单，就要把客户的隐性需求显性化。

某公司的业务经理为了提升销售人员的能力，让他们去向和尚推销梳子。

第一位销售人员见到和尚后，便开始宣传自己带来的梳子质量是如何好、对头发是如何好，还可以按摩头皮……为了说服一个头上长癣的小和尚，他使出浑身解数劝说，最终卖出了1把梳子。

第二个销售人员向和尚说明，香客的头发被风吹乱了，是对佛祖的大不敬，如果对这一现象听之任之，就是修行的一大罪过。有了这样的需求后，和尚们最终购买了10把梳子。

第三位销售人员竟然卖出3000把，他是怎么做到的呢？

这位销售人员到了当地最大的寺庙后，直接找到方丈，说："你想不想增加香火钱？"

方丈说："想！"

"我有一个好方法，你可以在寺庙里最热闹的地方贴出告示，捐香火钱有礼物送。"

"送什么礼物好呢？"

"送每位香客一把功德梳，你可以为梳子开光。为了梳走晦气，梳来好运，香客们一定会选择在人多的地方梳头，这样就能吸引更多香客捐出香火钱换取梳子，香客们一传十，十传百，又会吸引更多人来换取功德梳。"

方丈觉得方法不错，于是照做，结果销售人员一下子就卖出了3000把梳子。

第三位销售人员不仅能抓住客户的显性需求，还替客户深度挖掘隐性需求，销售量远远领先。

什么是客户的隐性需求呢？隐性需求是相对显性需求来说的。

显性需求是指客户能够清楚描述的、可以主动提出的需求。比如，客户说："我想要一部通话质量更好、音质更好、拍照更好的手机。"或者说："我想要一部更省油、更安静、启动速度更快的汽车。"而隐性需求是指客户没有直接提出、不能直接讲清楚的需求。比如,在功能机时代,客户不会主动说我要一部能上网的触屏智能手机,但客户有这个潜在需求,会追求一切更便捷、更丰富、更强大的新产品。

需求就像冰山,露出水面的1/7是显性需求,藏在水下的6/7是隐性需求。消费者明确知道自己需要什么的时候只占少数,大部分时候消费者并不清楚自己需要什么。人们会主动满足能明显感知的显性需求,而忽略难以感知的隐性需求。但其实隐性需求往往才是真实需求,且数量远高于显性需求。那如何挖掘客户的潜在需求呢?

1. 向客户提问

不管是封闭式提问还是开放式提问,客户回答得越多,就越容易找到他的需求。封闭式提问指的是,只让客户回答"是"或"否"的问题;开放式提问涉及的范围很广,可以让客户愿意敞开心扉交谈。提问时,一定要围绕产品展开,因为所有的谈话都是为了发现问题,解决问题。

2. 认真倾听客户

在客户说话的时候不要急于打断,即使他是在吐槽我们的产品,也要面带微笑耐心倾听。这里的倾听不是左耳朵进右耳朵出,而是要集中精力记下重要内容,不管是客户的称赞、担忧,还是吐槽,背后都隐藏着需求。

3. 与客户讨论

倾听完客户的谈话,就可以进入讨论环节了。举个例子。

客户跟你说,有朋友买了店内产品,跟他说没什么效果,还浪费钱。这时候,你就可以跟他讨论:"哦,是呀,买了没效果确实挺浪费的,所以你也担心用了没效果吗?"

与客户进行讨论,最能直面痛点。不过,要注意不能跟客户争论,无论客户多挑剔,都要先认同再解释,因为我们的目的是解决问题,而不是说赢客户。

4. 确认需求

做好了前三步,最后就要确定客户的痛点,提出解决方案,让产品明明白白地帮客户解决问题,让成交水到渠成。

主动推荐:为客户推荐最合适的产品

不管是线下门店,还是网上购物,商家都会为客户推荐一些商品。但是,有的商家进行的推荐能一击即中,正好是客户当时需要的;有的商家却让客户觉得被打扰了,时间长了还会被屏蔽掉。怎么做到一击即中呢?答案是了解每一个客户,在"对的时间"给"对的客户"推荐"对的商品"。

有这样一个例子:

餐厅要求服务员尽量跟客户推荐高毛利的菜品,但怎样推荐菜品才能让客户不反感并欣然接受呢?

错误应对:

"先生,您听我的总没错,点这道菜的客人很多。"

"先生，您还考虑什么呢？您看旁边的那桌客人就点了这道菜。"

"先生，这道菜是我们店的特色，您不妨尝尝。"

问题诊断：

以上三句话是很多餐馆服务员向客人推荐菜肴时经常说的话语，可向客人推荐而没有被采纳时，就要思考：我们推荐的菜肴是不是不符合客人口味，还是因为别的原因，这时就可以试探地了解客人消费需求，不要弄巧成拙。可以先让食客看看菜单，让他们自己点，然后你再根据相关需求，适当推荐一些菜品。

不同的食客在点菜中的表现都不一样，一定要找准不同食客的消费需求，有针对性地为其服务。就本案例而言，当食客没有按照我们的推荐来点菜时，不要急于推荐，要尊重他们的点菜方式，让他们看菜单，让他们先点，并根据食客的点菜方式，了解他们喜爱的口味、消费标准及其他需求，再在适当时推荐相关菜肴。比如：

"先生，您是不是比较喜欢吃辣一点的菜肴？我们店有一款特色菜，由厨师长亲自掌勺，应该非常符合您的口味，而且也比较经济实惠，我们这里的客人吃了都说好，您不妨尝一尝。"

"先生，您很有眼光，您刚点的这道菜是我们的畅销菜，口味偏甜，我想您也一定比较喜欢甜一些的食品，我们还有一道菜，口味和您刚点的相似，也是我们店的畅销菜，客人吃了都说不错，您不妨也尝尝。"

销售时，客户不肯采纳我们的建议，通常都是因为我们没有了解客户的消费需求，此时就应先了解客人需求，再适当推荐。

在向客户推荐产品时，一定要遵循以下几项原则。

1. 客观地介绍产品

我们推销并宣传产品的优点,目的是促进交易的完成,但我们不能因为想要完成交易就对产品做出浮夸的介绍,因为客户更在意的是我们的介绍是否真实可信。为了引诱客户购买,过度吹嘘产品的优点,一旦客户发现了你的不实行为,就会远离你。

2. 不要失去信誉

作为销售人员,不管你推销的是有形的产品还是无形的服务,如果客户的某些需求无法给予满足,就不要勉强。你可以采用其他辅助手段淡化客户这方面的需求,或真诚地向客户表明你的难处。如果客户坚持自己的要求,那就宁愿失去这次机会,也不要为了这笔交易而失去基本的信誉。因为交易的机会还有很多,但信誉没有了,就很难再得到客户的信任。

3. 多为客户着想

在推销的过程中,若能尊重事实,处处为客户着想,客户自然会对你产生信任感;热情主动地为客户做些当初没有许诺的事情,客户会感觉你做的事情超出他们的期待,会使他们非常满意,进而更愿意接受你的产品或服务。

4. 大胆承认不足

在推销产品时,如果客户指出产品存在某些不足,不必遮遮掩掩,要大胆地承认事实。世界上没有任何产品是十全十美的,也没有一种产品能够完全符合客户的要求,每个产品都不可避免地存在欠缺。客户提出切中要害的异议,矢口否认、设法抵赖都是下策,只有诚实地承认并努力挽回影响才是明智之举。

承认产品的不足之后，还要耐心地向客户介绍产品的优势，使客户觉得与这些优点和长处相比，产品的缺点算不了什么，使他们保持一定的心理平衡，用获益心理去抵消受损心理，从而促成交易。

沟通解决：销售其实就是帮客户解决问题的过程

销售的本质就是在帮助客户厘清思路，沟通观念，激发并挖掘需求，帮助其发现自身存在的问题，提供解决方案，解决实际问题，说白了，就是让他没有顾虑。

客户走进一家电动车销售店，问："你好，这辆电动车多少钱？"

工作人员回答："美女您好！您的眼光真好，这款电动车是今年的新款，是我们店这两个月卖得最好的了。我冒昧地问一下，您是自己用，还是送礼用？"

客户很好奇："这有区别吗？"

工作人员回复道："当然有区别啦！如果是自己用，我就给您推荐性价比最高的，物美价廉，经济实惠就行。如果是送礼，就要选择外观好看的，这样更有派头。而且，不同的职业，适合的车子也不一样。比如，外卖骑手，最好选择踏板大的，保证行驶得稳定；做销售的，需要长时间行驶，就需要续航能力强的车；如果是上班族，最好使用小巧玲珑型的，可以折叠，带上地铁。您的需求是哪一个？"

客户说了自己的需求。

工作人员说:"根据您的需求,我觉得这款车更适合您。因为这款车的××功能,可以解决您的××问题。虽然价格有点贵,但很值!"

成交的过程,其实就是跟客户沟通的过程,就是给他提供解决方案的过程。在这个过程中,你要运用自己的专业知识来开展工作,客户有自己的问题需要解决,双方开展合作,当客户觉得"这就是我想要的"时,就会心动,成交也就会变得水到渠成。

传统的销售观念认为销售人员的主要任务是推销产品,但这种观念在当今市场中已经过时。现代销售人员需要调整心态,从推销产品转向帮助客户解决问题。这意味着,销售人员不能仅强调产品的特点和优势,还要关注客户的需求点,并为他们提供有针对性的解决方案。那如何才能做到这一点呢?

1. 深入了解客户

了解客户的兴趣、需求和期望是沟通的基础。通过市场调研、数据分析等手段,收集有关客户的详细信息,沟通时才能投其所好,提供更符合他们需求的产品或服务。

2. 友好对待客户

无论遇到什么情况,都要保持积极友好的态度。因为你的情绪会感染客户,一个微笑、一句问候都能让客户感受到你的诚意和热情。

3. 认真倾听,积极回应

有效的沟通不仅仅是说,更是听。我们要认真倾听客户的需求和意见,给予积极的回应,让客户感受到被重视和尊重。

4. 语言清晰简洁

我们要避免使用过于复杂或专业的术语，使用简单明了的语言解释产品或服务的特点和优势，可以确保客户能够轻松理解。

5. 提供有价值的方案

针对客户的问题和需求，提供切实可行的解决方案，不仅能帮助客户解决问题，还能展示你的专业能力和价值。

6. 建立并维护关系

信任是沟通的基础。通过诚实、透明的交流，以及优质的服务和产品，就能建立并维护与客户之间的信任关系。

7. 灵活应对不同的客户

每个客户都有自己的个性和需求，要灵活应对不同类型的客户，采取不同的沟通策略，以达到最佳的沟通效果。

8. 避免过度承诺

与客户沟通时，要避免过度承诺或夸大其词，应诚实地介绍产品或服务的实际情况，避免给客户带来误解或失望。

9. 定期跟进并提供服务

与客户保持定期的联系，了解他们的反馈和需求变化；为他们提供持续的服务和支持，以确保客户的满意度和忠诚度。

10. 持续学习和提升

沟通技巧是可以通过学习和实践不断提升的。销售人员可以通过阅读相关书籍、参加培训课程、向经验丰富的同事请教等方式，不断提升沟通技巧，更好地与客户交流。

11. 应该注意的问题

（1）掌握谈话主动权。面对客户，我们要把握沟通的方向，掌握销售的主动权，让谈话内容紧扣主题，减少不必要的干扰因素，保证销售过程的顺利进行。

（2）制造销售机会。在购买过程中，无论购买什么，客户总想了解更多的问题。有些人认为，客户的问题越多，销售就越困难，自己也就越不容易掌握主动权。其实客户的问题多，恰恰说明了他购买意向强烈，对产品感兴趣，所以要尽可能地让客户了解产品。

当客户谈论产品外观时，可以介绍产品的质量效果等，让客户意识到产品确实物有所值。

当客户谈论到产品价格时，可以向客户介绍产品的超值之处。

无论怎样，只要抓住客户眼中那些与促进销售有关的话题，并适度地进行展开，对客户加以引导，就容易成交。

第四章
突出产品优势,提高产品说服力

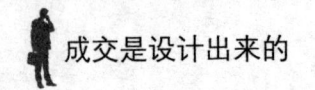

FABE法则：瞄准产品的特点、功能、好处和证据

"FABE"是由美国奥克拉荷马大学企业管理博士、台湾中兴大学商学院院长郭昆漠总结出来的。

这是一种非常典型的利益推销法，而且是非常具体、具有高度、可操作性很强的利益推销法。它通过四个关键环节，能极为巧妙地处理客户关心的问题，从而顺利地实现产品的销售。

F（Features），代表特征。包括产品的特质、特性等最基本功能，以及它是如何满足我们各种需要的。例如，从产品名称、产地、材料、工艺定位、特性等方面深刻去挖掘这个产品的内在属性，找到差异点。特性，毫无疑问指的就是自己品牌所独有的。每一个产品都有其功能，否则就没有存在的意义，这一点应是毋庸置疑的。对一个产品的常规功能，许多推销人员也都有一定的认识。但需要特别提醒的是：要深刻发掘自身产品的潜质，努力找到竞争对手和其他推销人员忽略的、没想到的特性。当你给予客户"情理之中，意料之外"时，下一步的工作就很容易展开了。

A（Advantages），代表优点。即所列的商品特性究竟发挥了什么功能？是要向客户证明"购买的理由"：与同类产品相比较，列出比较优势；或列出这个产品独特的地方。例如，更管用、更高档、更温馨、更保险等。

B（Benefits），代表利益。即商品的优势带给客户的好处。利益推销是推销的主流理念，一切以客户利益为中心，通过强调客户得到的利益、好处以激发客户的购买欲望。可以用众多的形象词语来帮助客户虚拟体验这个产品。

E（Evidence），代表证据。包括技术报告、客户来信、报刊文章、照片、示范等，通过现场演示、相关证明文件、品牌效应等来印证刚才的一系列介绍。所有的材料都应具有足够的客观性、权威性、可靠性和可见证性。

简单地说，FABE法就是在找出客户最感兴趣的各种特征后，分析这一特征所产生的优点，找出该优点能够带给客户的利益，最后提出证据，解答消费诉求，证实该产品能给客户带来的利益，从而巧妙地处理客户关心的问题，并顺利实现产品的销售诉求。

举个例子：

以冰箱的省电作为卖点，可以按照FABE的销售技巧进行介绍。

F（特征）："您好，这款冰箱最大的特点是省电，每天的用电只有0.35度，也就是说3天才用一度电。"

A（优点）："以前的冰箱每天用电都在1度以上，质量差一点可能每天耗电达到2度。现在的冰箱耗电设计一般是1度左右。您一比较就可以知道咱们家的冰箱一天可以为您省多少钱。"

B（利益）："假如0.8元一度电，一天就可以省0.5元，一个月省15元。这就相当于省出来您的手机月租费了。"

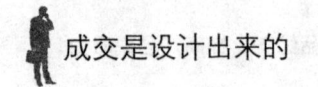

E（证据）："这款冰箱为什么那么省电呢？"

（利用说明书）"您看它的输入功率是 70 瓦，就相当于一个电灯的功率。这款冰箱用了最好的压缩机、最好的制冷剂、最优化的省电设计，所以它的输入功率小，省电。"

（利用销售记录）"这款冰箱销量非常好，您可以看看我们的销售记录。假如合适的话，我就帮您试一台机。"

权威引导：通过明星代言、专家推荐，提升品牌信誉度

很多企业，通过明星代言、专家推荐，提升品牌信誉度。因为拥有较好声誉与高知名度的社会人物，会提升品牌的形象，加强大众的信任。

名人效应，让缺乏品牌信息的客户有了参考源，因为喜欢这位名人，所以会关注相关产品，或因为相信某人，所以也会相信与他/她合作的品牌。

名人效应相当于一种品牌效应，可以带动人群，达成引人注意、强化事务、扩大影响的效应。如今，名人效应已在生活的方方面面产生深远影响，比如，名人代言广告能够刺激消费，名人出席慈善活动能够带动社会关怀弱者等。

举个例子：

德芙曾发布过一场以"愉悦至上"为主题的品牌焕新营销,拍摄了宣传片《再见摩天轮》请两位明星分别饰演员工小雨和游乐园老板。

在一家即将关闭的游乐园里,只剩下最后一名员工小雨,她是一个乐观开朗的女孩。而在这一天,园里来了一个心情沮丧的陌生人,小雨陪他好好地玩了一大圈,并用"愉悦至上"的精神打动了他。

"高兴一会儿是一会儿""巧克力变巧克力之前,都是苦的""一个开心的人,世界上的任何地方都是他的游乐园""快乐是一种选择,生活中的快乐再小,也能转动世界。"……小雨这些积极的生活感悟,让这位心灰意冷的陌生人重新振作。这个人就是这家游乐园的老板。

找回快乐的他重整旗鼓,不仅没有关闭游乐园,还增设了味蕾游乐园,而此时德芙的产品和品牌新理念也自然露出。

这个广告拥有一个好的脚本故事,使人们在观看时能引起情感共鸣。活泼开朗的小员工,即使面临失去工作,依然保持着烂灿的微笑,像小女孩一样蹦蹦跳跳,只因为她秉承着"愉悦至上"的理念。

客户见证法:让客户看到使用产品后所得到的效果

相信,过去很多人都看过这样的药品保健品广告:

一些老大爷或老太太,说没喝××保健品之前身体状况不是很好,喝了之后,精神好了,腿也灵活了。或者没喝之前瘫痪在床,喝过之后可以下地了，人也正常了，还能挑担子了……

这些商家和企业做了大量的客户案例，每天在电视台上进行循环播放，吸引了更多的人来购买产品，有些产品能做到几亿元，甚至几十亿元，他们用的就是简单粗暴的客户见证。

现在有一些做得不错的养生馆、美容院，店里也摆满了各种客户见证。客户一进店，就能看到那些用过的人的评价和效果，再对照自己的现状，就会渴望得到他们同样的结果。他们立刻就会觉得自己来对了，看完就能感受到产品价值，会更加信任，觉得你也能解决他的问题。

所以，有很好的客户见证，可以让客户很快下单，减少很多沟通成本。客户没有见过客户见证，感受不到你能给他带来的价值，消费欲望就很低。

有一家汽车4S店，在店门口停放着一排车子，有福特的福克斯、丰田的卡罗拉，还有奇瑞、吉利、比亚迪、大众、别克等品牌的车子，停放得整整齐齐。这些车子大都半新不旧的，车子前后两个挂牌照的地方都挂着一个写着"二手车"的牌子。

每当有客户向销售人员询问"你们的车子和××品牌的车子比起来，哪个更好"，他就会指着门口外停放着的那排"二手车"对客户说："我们的车子肯定更好，不信你看看，门外停着的那些二手车都是客户卖给我们二手车置换部门，再加点钱买了我们新车的。要是我们的车子不比他们的好，怎么会有那么多客户愿意开其他品牌的车来换购我们的新车回去呢？"

客户听了这话，再看看店门口那排"二手车"也就没有太多的疑问了。

在这个 4S 店里，二手车充当了一个看得见的、老用户做出的行为选择证明，是一个很好的销售道具。

客户见证就是让客户自己说服自己，让客户成为我们最好的推销员，提高成交率。当然，客户见证一定要是真实的，是有真正的效果，能给客户带来价值的。

1. 建立坚实的客户基础

做好前期客户准备，从销售周期开始直到结束，选择正确的人建立成功个案。让客户保持愉悦并向他们提出正确的问题，然后仔细倾听，发现其中的关键需求，并根据需求提出解决方案，再跟进每一个细节。要想获得长远发展，就要让客户知道你的业务是建立在成功满足客户需求和解决客户问题的基础之上的。

2. 把客户反馈可视化

用相机把客户购买产品时满意的笑容拍下，留住见证，形成"客户见证墙"。"看，客户都很满意我们的产品，甚至都帮我们介绍新客户并和我们职员成了朋友。"这看起来似乎有些俗气，但当这些照片被用于推销时，却具有病毒式的感染力。当客户对产品的任何部分产生怀疑时，就可以翻出这些老照片，讲述背后的故事。这样，不仅能赢得新客户信任，还能帮助完成更多交易。

3. 拍摄客户见证视频

何为客户见证视频？即让客户讲述购买该产品的过程，描述使用前中后的真实感受，并通过视频的形式呈现出来。整个视频表现的就是销售前、销售过程中、售后服务客户的真实感受。不要自说自话，要让客户现

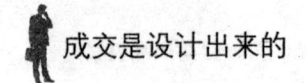

身说法，这能从侧面佐证公司的实力。

4. 展示个案经验

我们要养成一种习惯，每次销售完成后，做客户"满意度调查"。可以问客户："对于我们的服务您还满意吗？"如果客户满意，就抓住机会让他们成为推荐人。简短地写一下个人经验，之后把它带在身边。当下次遇到无法辩解的情况时，这些个案经验可能就会帮上忙。

对比介绍法：用自己的优势对比竞品的弱点

在营销的过程中，对比是最能打动人的解决办法。成交高手都会让客户发自内心地认可自己的产品，认同自己的购买行为，而不是简单地将产品推销给客户。

消费时，我们都喜欢选择一定的参照物作为对比。以网购为例，我们想要购买一款钱包，就会去查看这款钱包的图文详情，展示钱包大小时，店家通常会选择一些常见的参照物来同框，让你自行感受钱包的大小。这里就用到了参照物的概念。查看完这款商品的详情后，我们通常会去其他的店铺找同款钱包对比价格，最终就价格、配送、服务等因素进行综合考量选择性价比最高的进行购买。

从某个角度来说，你所对比的同类型产品就是你判断的参照物，而影响我们做决策的重要因素之一就是我们所面对的产品和不同参照物之间的差额。其实在销售的过程中，你完全可以直接告诉客户，让他们自己在市场中做一个对比。当然，也可以给客户提供一些可以对比的产品，并根据你对客户的了解选择一个他能够接受的范围，从而让客户了解产品的核心特点，尽早做出判断。

假设成交法：抓住细节，更容易成交

男孩喜欢上了女孩，并发现女孩对自己也有好感，于是心跳加速，开始紧张。

这叫成交信号。

接下来，就应该进入假设成交的环节了。

男孩问女孩："问你个事情，假设你要找男朋友，会不会考虑像我这样的？"

"你说咱俩在大街上一起走，路上的人会认为咱俩是什么关系啊？会不会认为咱俩是男女朋友？"

"你说咱俩要是将来走到一起了，是你当家还是我当家呢？"

"有时候我就想，要是咱俩结婚了，会是什么样呢？你觉得是什么样？"

男孩问女孩的这几个问题充满了智慧，男孩确实很聪明！因为在推销的过程中使用假设成交，并不会给对方带来压力。如果你是未婚男孩，完全可以将上面的话术背下来，将来一定有用。如果你是未婚女孩，假设有男孩问你这样的问题你就答应他。因为这个男孩很有智慧。

假定成交法也可以称为假设成交法，是指销售人员在假定客户已经接受销售建议，同意购买的基础上，通过提出一些具体的成交问题，直接要求客户购买商品。例如，"你看，假设有了这样设备，你们是不是省了很多电，而且成本也有所降低，效率也提高了，不是很好吗？"

把拥有以后的那种视觉现象描述出来，既可以节省时间，提高销售效率，也可以适当地减轻客户的成交压力。

在销售过程中，很多人就想等客户说这样的一句话："行，我就要这个了。"但是客户往往不会说这句话。从成交信号出现到最后成交，还有一段距离，这段时间非常微妙，这时候客户实际上在挣扎，自己在和自己博弈，是买还是不买。他们可能会想：要是买吧，会不会买贵了；不买吧，这个产品确实好……

往往这时候，有很多人发现了成交信号后，会容易感到紧张，特别想立刻签下这个单子，结果一紧张就会乱套，问："您看您还有什么问题吗？"客户只能回答"我回去考虑一下"，这时候，最好进行假设成交。

销售人员说："张总，要是送货，货送到哪里啊？"

客户说："送我们公司去。"

销售人员紧接着说："好的，您把您公司的地址说一下，我记一下。"

客户说完公司地址后，销售人员紧接着说："好的，我记下来了，那什么时间给您送过去比较合适？"

记住，假设成交的关键词是：如果、假设、要是。在销售过程中要经常用假设成交引导客户。

诱饵效应：设计套餐，促使客户选择

关于"诱饵效应"，有一个经典的案例，它就是《经济学人》杂志的订阅定价实验。

《经济学人》杂志曾刊登过一则广告：订阅电子版价格是59美元/年，订阅印刷版是125美元/年，订阅印刷版加电子版套餐价格是125美元/年。在麻省理工学院的试验中，100位高材生中有16人选择了电子版，84人选择了套餐组合，0人选择印刷版。

在这个案例中，你可能不知道59美元的单订电子版是否优于125美元的单订印刷版，但肯定知道125美元的印刷加电子版套餐优于125美元的单订印刷版。事实上，你可以准确无误地从合订套餐中推算出：电子版是免费的。

在单订电子版和单订印刷版之间做选择有些费脑筋。但是，人们不喜欢动脑筋。于是《经济学人》杂志的销售人员给了我们一个不费脑筋的选择：印刷版加电子版的套餐。

在这个案例中，只增加了一个看上去毫无优势的选项，却让结果产生了巨大差别。销售人员只抛出了一些诱人的"饵"，就引导客户作出了"正中商家下怀"的决策。

那么，什么是诱饵效应呢？"诱饵效应"就是指人们对两个不相上下的选项进行选择时，因为第三个新选项（诱饵）的加入，会使某个旧选项显得更有吸引力。被"诱饵"帮助的选项通常称为"目标"，而另一选项则被称为"竞争者"。

诱饵效应看中的就是客户的比较心理。该效应最简单的应用就是，客户把商品的价格与参考价相比，或者在看到某样商品有促销活动时，对这件商品的促销力度进行比较。

举个例子：

卖场里的帽子和毛衣被摆放在一起，标签上标出的价格分别是：帽子49元，毛衣299元。但是，令人惊讶的是，最后还有一行字：帽子+毛衣＝299元。意思很明显，即买一送一。

这家卖场为什么要摆出帽子和毛衣的单价来做比较呢？商家的聪明之处就在于了解人们的消费心理，那就是：人们每做一件事，每选择一样东西，都会加以对比，而越是有对比的东西就越能凸显价值。因为人们对某件事、某样东西并没有一个准确的衡量标准，不知道某件事物的真正价值，只能通过与这种物品相近的其他物品的比较来判断优劣。于是，有了前两个单价的对比，后面的"买一送一"就显得更有吸引力了。

身边还有许多这样的案例，比如，手机套餐、网费套餐、电器促销等。这些商家的做法很好地诠释了"诱饵效应"。

飞轮效应：先用补贴吸引用户，然后减少成本并盈利

"飞轮效应"这个概念来自亚马逊创始人贝佐斯。

亚马逊飞轮的第一环是从"吸引更多卖家"开始的。卖家多了，商品会更加丰富，客户更容易买到自己想要的商品；其次，商家之间开始出现竞争，价格会变得更低，服务也会变得更好。因此，客户体验会提升。提升的客户体验，会带来更多的流量（客户）。客户的增加，又会带来更多的订单。更多的订单，则会吸引更多的商家入驻，进而带来更多的选品和竞争……于是良性循环建立，飞轮开始旋转。

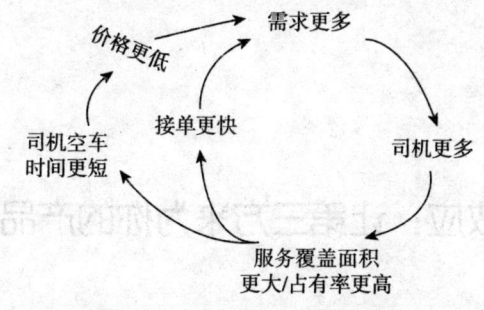

图4-1 亚马逊飞轮示意图

飞轮的每一个环节，都是对业务成功具有重大战略意义的要素。正确设计企业的业务飞轮，对企业的发展极具战略意义。简言之就是，我们首

先要找到业务的各个关键要素，然后构建要素之间的动力传递体系，形成闭环。当一个环节被驱动后，它输出的动力会持续在各环节间传递，且会最终反馈起点，进而推动整个飞轮体系（业务体系）闭环运转，使业务持续进行自我增长，自我加速。此时，业务增长对外部驱动力的依赖就可以减弱，进入良性循环。

近期最"火"的飞轮效应的例子就是滴滴。打车软件烧钱的逻辑，从基础层面上来看，它就是一个飞轮。找到一个足够高频的应用场景，打车；让打车用户使用零门槛，线下养一批司机，保证打车体验和用户口碑；然后，通过凶猛补贴争夺司机这个服务提供商。

等用户习惯养成后，给他们讲故事，用高黏性用户的巨大价值引诱背后的资本出巨资，同时解决入口问题和"弹药"问题；用户形成黏性后，逐步降低补贴，再推出新的产品线，进一步拉住用户。

用户越来越离不开平台，越聚越多，最终形成垄断。滴滴和亚马逊的故事告诉我们，每一分钱都要花在能直接提升用户体验的事情上，才是烧钱的正确方式。

背书效应：让第三方来为你的产品说话

有形产品或者无形服务可以满足特定客户在功能或者精神层面的某种需求。而为了加强产品或者服务对满足客户需求的履行承诺，完全可以将承诺品牌化，使自家产品区别于竞争对手，并向客户提供独特的利益组合。为了提高其在市场上的承诺强度，很多销售者都会借用第三方的信誉，以一种明示或暗示的方式来对原先品牌的消费承诺，作出再一次确认和肯定。这种品牌营销策略，就是"品牌背书"。

新品牌刚入市时，产品的销售量一般都不尽如人意，因为新品牌的知名度不高。但浏阳河、京酒、金六福等品牌却在短短几年里就迅速成了中国酒市的新贵。探究它们成功的背后原因，人们发现它们都是由五粮液酒厂生产的。在传播品牌时，它们有意识地将这一信息传达给了客户。

五粮液作为中国高端酒的代表品牌，具有非常高的市场知名度，由五粮液为浏阳河、京酒、金六福等品牌进行背书和担保，客户自然会产生"爱屋及乌"的联想。

对背书品牌而言，其主要角色是向客户再次确定这些产品一定会带来所承诺的优点，因为这个品牌的背后是一个已经成功的企业。当一种产品是全新的时，品牌背书策略显得更有意义。因为这种保证会让客户觉得与这个产品之间有了某种联系，不再陌生。

"背书"原本是指财务上票据背面的签名，意味着一种保障，后来这个词被广泛应用到各种领域，代表着保证和信任。因此，企业如果能建立起品牌背书，增加客户对其信任，那么品牌在推出其他产品时，往往比其他同行更有利。

要想有效地解决品牌的信任度问题，要想让市场和用户清晰地知道自己的品牌价值力，就要做好自己的品牌背书。那么，谁才是最好的品牌背书选择的对象？

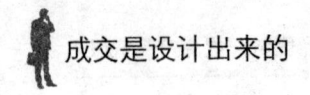

1. 用户

品牌服务的用户就是一个品牌最好的背书的第三方。电商平台中顾客对商品的详细评价，小红书、微博中用户对一款商品的推荐，测评机构对一款商品的全面测评，其他渠道用户对品牌及产品的口碑推荐、现身说法都是最好的品牌背书，也更能够引起用户对于体验的共鸣感。

普通的用户背书，就是我们经常看到的各种用户推荐、评价；更加优秀的用户品牌背书，品牌方会主动联系用户，把用户的体验、评价收集整理，再进行系统性的包装，用宣传片、文案文章、宣传画册、企业杂志甚至使用媒体，来更全面地去体现用户和品牌之间的信任度联系。

2. 政府及权威部门

政府及权威部门在中国的社会话语权中具有举足轻重的作用，其对一个品牌的认可评价以及赞赏，往往会让这个品牌获得最高的信任感。例如，政府发布的各种优秀的企业榜单、工商联组织或者其他的政府背书的社会组织对于企业家的表彰，企业积极参与社会公益行动、参与政府主导的社会行动并取得成果和典型性表彰等，都是品牌强有力背书的重要内容。

3. 媒体

媒体的重要性不言而喻。专业、权威、有高度的媒体在国内主要包括人民日报、新华社在内的中央媒体以及它们的衍生媒体、数十家商业化媒体、大型的门户媒体、省政府主导的官方媒体，以及其他具有较高知名度的各种类型的媒体组织。这些媒体可以通过对品牌的宣传报道、广告播发、联合举办活动、媒体授予奖项、企业创始人专访、企业冠名栏目等各种方式实现品牌背书。和媒体合作，企业不仅能获得品牌背书，还能实现品牌的广泛传播，在一定程度上建立品牌和市场受众之间的连接，成为重要的品牌流量入口。

4. 专业化组织

专业化组织往往和企业所在的行业以及企业本身的产品属性和品牌特色有密切的关系。例如，通信产业的企业，要和工信部及各种的产业协会关系密切；大健康行业，要和卫健委及医师协会、中国头部医院有互动关系。这些专业化的组织对于一个品牌的认可和支持，是对品牌专业化能力的认可。

5. 专家

行业权威专家是一个行业、一个领域内，最具有前瞻性、权威性和科学性的人物，例如，教育家、科学家、医院医师、知名学者、社会学家、顶尖设计师、知名企业家、社会活动家、慈善家、艺术家、军事理论家、历史学者，甚至可以是一些小众领域的绝对头部人物等，他们是各自领域非常卓越的代表，他们的言论，能产生巨大的社会信任度和科学价值。例如，有些优秀的抗衰老药物和产品，为了提高说服力，会邀请知名的科学家进行原理的介绍和推介。

6. 具有公信力的奖项

企业的产品和服务能够在相关的领域斩获相应的大奖，也是公信力的最好背书和说明。比如，建筑设计及室内设计有金堂奖、亚太区室内设计大奖等；电影影视界有奥斯卡、金鸡奖、百花奖；建筑行业有鲁班奖；此外，还有国家、民间、行业协会等各类具有价值的奖项内容……可以说，目前在社会上有很多具有历史价值的品牌奖项，在多年运营中都获得了众多粉丝和权威影响力。

第五章
从客户需求出发,消除客户顾虑

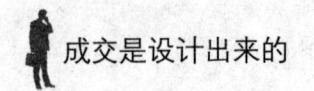

重视体验：在"试"上下功夫，优化客户体验

近年来，我们总能在各种地方看到"试吃"的身影。在超市、水果店和批发市场，很多卖家都会给人们试吃。这样做的目的，无非就是让面对众多商品的消费者做出正确选择，让客户快速了解商品的特点和属性，加强与客户的感情交流，同时提高门店销量。

有家超市在晚高峰时期，开展了冲调、调味品、水奶、休闲食品等四种商品的试吃和试饮，不仅让销量有了明显提升，也带动了整个类别的销售。特别是调味酱、冲调、水奶等几个类别的销量提升了50%。

这种模式之所以广受欢迎，最根本的原因是它让客户通过自身体验，对商品有了更直观、更真实的认知和感受，提升了对商品附加价值的认知和客户满意值。

其实，试吃是一种体验式销售。体验式销售是指，通过让目标客户观摩、聆听、尝试、试用等方式，使客户亲身体验企业提供的产品或服务，让他们实际感知产品或服务的品质或性能，促使客户购买的一种营销方式。这种方式以满足消费者的体验需求为目标，以服务产品为平台，以有形产品为载体，可以拉近企业和消费者之间的距离。

体验式营销不只有简单的试吃、试用，其形式丰富多样，但万变不离其宗，其内涵都是企业通过提升产品与服务的附加值，与消费者进行情感上的交流和心灵上的沟通，让他们对产品感到满意，产生购买欲望。

体验式营销是一场有灵魂的消费体验之旅，只要认真分析和研究消费者的购物心理，将他们的感觉、情感、思考、行动、关联充分融入每一个购物的细节，就能给消费者创造出更好的消费体验。

1. 体验营销的要点

（1）设计好体验时间。时间太短，激发不了消费者的购买欲望，时间太长，消费者容易失去体验感。

（2）突出产品性能及效果。让客户充分体验产品的性能和效果，更能激发消费者的购买欲望。

（3）收集消费者的数据。在体验过程中，收集并建立客户的数据档案，方便后期的服务追单。

（4）免费体验要纯粹。免费体验一定要纯粹，只有不含套路的免费体验才能俘获人心。

2. 体验营销的策略

（1）情景式体验。情景式体验营销中的情景有很多种，有生活情景、消费情景等。比如，房地产的体验营销，通过免费体验样板间的形式，向消费者展示大量的生活场景，从厨房、浴室到客厅、卧室，让消费者产生了强烈的代入感。只要消费者对房子感兴趣，那就离购房不远了。

（2）功能性体验。功能性体验营销，能让消费者切实体验到产品优越的性能和效果，在各种营销中有着最强的说服力。比如，养生馆的体验营销，价值9800元的理疗床，让客户免费体验，每次体验时长30分钟。通过两个月的免费体验，体验者的身体机能都会发生一些好的变化。而在体验的过程中，我们也能更好地锁定目标客户。因此只要客户想要购买，同时送价值4000元的净水机，一天就能卖出100多台理疗床。

（3）感官式体验。感官式体验营销是通过视觉、听觉、触觉与嗅觉等建立在感官上的体验，来引发消费者的购买动机和增加产品的附加值。比如，汽车4S店的试驾营销，推出30公里的试驾服务，让购车的人从触觉、视觉及感觉上充分体验驾驶的乐趣，当让更多的人爱上这辆车时，销售额就会比同品牌的4S店的销售额高很多。

突出优势：跟客户再次强调产品优势

介绍产品的特点和优势，是销售产品的重要环节。为了突出产品的独特性和价值，让客户感受到产品的优越性，可以通过文字、图片、视频等方式，生动形象地展示产品的特点和优势。

假设你正在销售一款智能手机，客户问："这款手机有哪些特点和优势呢？"

你可以这样回答：这款手机有以下几个特点和优势：

强大的性能。采用最新的处理器和内存技术，运行速度更快，多任务处理更流畅。

高清显示。配备一块优质的高清屏幕，色彩鲜明，细节清晰可见。

多功能摄像头。后置摄像头拥有高像素和光学防抖技术，能拍出更清晰、更稳定的照片和视频。

长续航时间。内置高容量电池，让您能够更长时间地使用手机而无须频繁充电。

安全可靠。采用了多重安全措施，能保护您的个人信息和隐私不受侵扰。

我们的客户购买了这款手机后，对其性能和功能非常满意。他表示手机的响应速度很快，可以同时运行多个应用程序而不会卡顿。此外，手机的摄像头还帮助他捕捉了许多美好的瞬间。总之，这款手机在性能、显示效果、多功能摄像头等方面都有着独特的优势，能够满足您的日常需求。

销售为主的时代，销售已大大超出原来职业的含义，而成为一种全新的生活方式，一种贯穿和渗透于各种社会活动中的生活理念。客户之所以购买某种产品，是因为他们有这方面的需求。面对琳琅满目的同类产品，如何让客户选择你销售的产品？这需要你把产品的优势毫无保留地展示给客户。

产品优势是客户了解产品最关键的信息，也是产品介绍步骤中最重要的一步。只有让客户了解并认同产品的优势，才能激发他们的购买欲，才能慢慢培养其品牌忠诚度。

现在，客户消费都比较理智，过去那种"只选贵的，不选对的"消费理念已经不合时宜，因此，我们要用不同的方法将产品优势分享给客户，让客户认同。那么，产品的优势主要体现在哪些方面呢？

成交是设计出来的

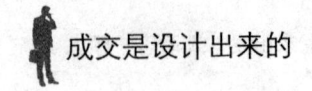

1. 品牌效应

（1）成熟的一线品牌。这种品牌几乎尽人皆知，向客户介绍时不用刻意强调该品牌如何有知名度，而是要重点突出口碑、质量、服务等附加值。比如，"王女士，您好！这款产品是我们公司为了庆祝成立20周年推出的特别款式之一，现在还是预购阶段，成品预计下月月底才会生产出来。预购期，可以多享受5%的特别折扣。"

（2）性价比高的二线品牌。二线品牌一般都质量稳定、价格合理，销量往往会比成熟的一线品牌高很多，在介绍这类产品时，要重点强调产品的性价比。比如，"杜先生，您好！这是我们公司去年推向市场的新款茶具，每件作品都融入了现代/复古元素，可以让消费者享受到更健康长久的生活，感受到陶艺之美。"

（3）不知名品牌。客户一般都不太喜欢不知名品牌，并且不太愿意尝试自己没听说过的产品品牌，遇到这种情况时，要努力寻找各种证据，来证实产品质量稳定可靠、售后服务有保障、价格优惠等。比如，"王小姐，这是我们产品的质量认证证书，影星×××还是我们的代言人，上一季度我们一共销售了×××盒。"

2. 价格优势

因为在购买产品时，多数客户都想用最少的钱买到最好的产品，所以如果你销售的产品在价格方面有较大的优势，一定要将其作为重要的卖点介绍给客户。如果客户认为你的产品价格相对比较高，就要引导客户不能只关注价格，还要关注产品的质量、服务等内容。

当然，要想把产品的价格优势毫无保留地介绍给客户，不仅要了解产品，还要了解同类产品的信息，以便透彻地分析产品优势。如果客户对某件商品不满意，即使将价格降到最低甚至直接送给他，他也是不会接受的。只有向客户说明购买你的产品的好处要远大于其他产品，客户才可能正确看待价格的差异。

3. 特殊优势

除了品牌和价格优势，还要跟客户讲明与同类产品相比，自己产品在设计、质量、外观等方面的独特优势，尤其要重点说明产品所拥有的其他产品没有的新功能。因为客户都有好奇心，都喜欢新颖、独特的产品，只要把握住客户的这种心理，就能说服客户下单购买。

坦诚待客：直接告知客户产品的缺点

为了让消费者对产品的期望更高，商家一般都会宣传自己的产品有多好，可一旦客户购买了不理想的产品，就会心生疑虑和不满。

郭女士购买了一件衣服，衣服面料是当年新采用的面料，高档、挺阔、花色柔和，但容易脱线。导购小李认为，只要客户购买商品时没有发现商品的问题，自己就没有责任，说其它不好的地方，反而会让客户感到不舒服。因此，她只把面料的优点告诉了客户，没有说面料的缺点。结果，郭女士买回家后没有几天就发现了衣服脱线的问题，非常生气，来到店铺投诉。

相信，在很多店铺都发生过类似的事件，这种销售只会降低客户的信任度，让客户越来越怀疑商家的诚信问题。所以一定要记住，你是客户的信息纽带，要把商品的信息完整地告诉客户，客户也有权利了解商品的真实情况，不要刻意隐瞒，有时候多一句解释会少很多麻烦。

同样是上面的案例，真正的销售高手都会这样做：

郭女士："这件衣服真漂亮。"

销售人员："这件衣服面料很高档，是我们新推出的面料，但需要细心呵护。"

郭女士："为什么？"

销售人员："因为这种面料采用了新技术，比较薄，不能用力拉扯。"

郭女士："好的，我女儿穿上一定很漂亮。"

销售人员："是！有不清楚的地方可以打电话给我。"

任何产品都不可能是完美无缺的，成交其实是利益最大化、缺憾最小化的结果。适当解释一下产品的不足之处，再主动为客户打消顾虑，强调产品的优势，往往会产生意想不到的效果，而且也比只说产品优点更能赢得客户的信赖。

成交的本质是信任，卖货和做人是一样的，你越夸自己的产品完美无瑕，越容易让人存疑，难以建立信任。主动暴露产品的缺点，反而会使客户觉得你诚实可靠、值得信赖。

勇于面对产品的缺点和不足，并直接告诉消费者，就能给消费者留下真实、诚实的印象。其实，产品缺陷并不可怕，利用好了，不但不会影响销售，反而可以成为一个卖点。比如，有些产品款式虽老，但不影响正常使用，且价格便宜，对于一些讲究实用的客户来说，就可以成为一个卖点。

用不同的方式谈论产品缺陷会产生完全不同的效果。

第一种：应该告诉客户的事情，要主动告知，不要等着客户去发现或质问

从来都没有完美无缺的产品，客户也知道这一点，我们完全可以主动说出一些产品的不足。陈述这些问题时，要态度认真，让客户觉得你足够诚恳；同时，要保证这些问题是无碍大局的。比如，销售汽车时，告诉客户"刹车存在故障，可能会出现难以刹车的情况"，客户肯定就不敢买了，因为对于汽车来说，刹车故障是致命的；但"这辆车出厂时没有安装导航仪，需要您自己安装，咱们店可以帮您安上"却不会影响客户的决定，因为客户选择安装导航仪的方式有很多，如手机下载地图、购买便携式导航仪等。

第二种：对于不方便说或不能说的问题，诚实地告诉客户不方便说，不要遮掩

一些诸如商业机密的事情不能透露给客户，对于这类问题可以做类似回答："这些产品开发细节问题，只有我们公司研发部门才有权对外公布。我们对产品开发过程了解不多。不过如果您想了解的产品性能、质量等，我会给您做详细的介绍与演示。"一般来说，当我们说到这里时，客户也会表示理解。

成交是设计出来的

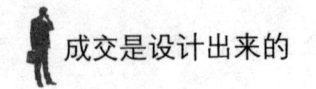

郑重承诺：给客户做出承诺和保证

在购买产品时，客户有很多种担心。担心产品质量不好，花了大价钱买到次品货；担心产品达不到自己想要的效果……如此种种，都会影响他们最终的决断。为了打消客户的顾虑，就可以告诉客户"产品尽管放心使用，有了质量问题可以无条件退货"；也可以承诺"如果发现我们产品是次品或赝品，我们以一赔十，说到做到"。这种肯定的承诺会把客户的风险降低到零，让他们少了后顾之忧，也就没什么可担心的了。举个例子：

一家公司新研发出了一款产品，不仅造型优美，还增添了一项新功能，该功能还是同类产品无法比拟的。为了达到推广的目的，公司专门做了一场会议营销。

在会销开始之前，销售经理亲自上阵，来回答会销中客户提出的种种疑问。

会议开始后，工作人员对产品的性能做了详细介绍，尤其重点推介了新产品与众不同的功能。在工作人员声情并茂的介绍下，多数客户都对该产品产生了浓厚的兴趣，很多人甚至还流露出想要购买的意愿，但真正购买的人并不多。

工作人员知道大家心理上有一定的顾虑，于是面带微笑地说："我们公司的销售经理就坐在这里，大家有什么疑虑都可以当面提出来。"在工作人员的鼓动下，人们纷纷提出了自己的疑问，比如，觉得价格有点贵，担心买回去发现产品没有介绍得那么完美，即使这个功能确实可以起作用，但它可以使用多久，保修期又是怎么规定的？

销售经理早有准备，不慌不忙地对大家表态："你们提出的这些问题我们公司都事先研究过。首先，关于价格，我敢保证该产品一定会让你们觉得物有所值。其次，为了保证产品质量，我们公司会和你们签订质量保证书，并给出一个月的试用期，试用期内出现任何问题，公司无条件退货。在以后的使用过程中有了问题，公司也终身免费修理……"

销售经理的真诚表态，打消了大家心中的顾虑，人们纷纷改变了态度，明确了自己的购买意向。在这次会销上，该产品取得了开门红。

面对大家的风险疑虑，公司营销经理一锤定音，底气十足地做出关于质量问题的承诺，彻底打消了人们的顾虑。承诺其实就是一颗"定心丸"，让消费者得到实惠。把风险转移到卖家头上，就能从最根本上打消客户犹豫观望的态度。

让客户相信你的产品或服务没有风险，或即使出现问题也可以得到相应补偿，消费者自然就愿意购买或使用你的产品或服务。客户确认购买了你的商品没有风险，或收益要远大于风险以后，就会下定最后的决心。

在销售过程中，零风险承诺是一个非常强大的工具。主动承担风险，让客户减少甚至没有风险，成交就会就变得毫无阻力。那如何实施风险承诺呢？

1. 客户见证

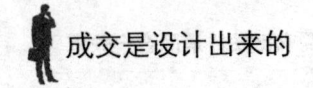

如果客户能够现身说法，把他们使用你产品的成功案例，讲给潜在客户听，潜在客户自然会更加放心。

另外，你的行业证书、客户缴费单、销售合同、客户照片、客户视频、专家推荐、权威检测、行业协会或政府机构评价、媒体报道等，都可以作为客户见证。

2. 优于对手

零风险只是一种理念。即使客户的风险不是零，但只要他和你合作的风险，比和你的竞争对手合作的风险小，他就会选择你。

比如，对手7天内退货，你可以选择30天内退货；对手承诺非人为损坏原因退货，你可以承诺无条件退货；对手7天内退款，你可以做到24小时内退款。

3. 退货保留赠品

客户享受无条件退货退款时，不需要退回赠品，无偿地赠送给他，客户就会觉得很满意："这样做岂止是零风险，简直是负风险啊！"即使产品买回来不满意，钱也会一分不少地退回来，还可以留下赠品。这时候，谁会不买？

4. 不要随便承诺

承诺是一种服务工具，也是一种服务责任，给客户所做的承诺，一定要在你的权力范围内，千万不要信口开河，答应了的事情你却做不到，只能让客户看笑话。为了让客户感受到你的真诚和用心，如果给客户承诺，最好把时间、数量和地点等具体化。

提出建议：给犹豫不决的客户提建议

日常购物时，我们经常可以发现，当自己看中一件商品而未能下决心购买时，你可能就会想"到别处看看再说吧"，其实这时候只要营业员适时地建议一句："这件衣服真的很适合您，买一件吧。"你可能就会停下来试穿甚至购买。

为了照顾孩子上学，李霞想在孩子的学校附近购买一套房子。她到附近的几家房地产中介公司转了转，在多次看房后，看好两套房子，一套在三楼，一套是五楼，但究竟该买哪个，她摇摆不定。

李霞先给三楼房源的房地产经纪人小郭打了个电话，想听听他对这套房子的建议。没想到，小郭很为难地说："李姐，我想还是你自己拿主意吧，毕竟是你买房而不是我买房，只要你觉得满意就好。"

随后，李霞又给五楼房源的房地产经纪人小王打了电话，让小王分析看看。小王说："我觉得这套房子真的挺适合您，总价不高，等孩子毕业后你们也容易出手。"李霞听了，很快就交了定金。

在实际销售活动中，很多客户都同李霞一样，在决定是否购买之前会想听听销售人员的较为中肯和专业的意见。说白了，就是自己犹豫不决，需要借助他人的意见，帮自己做决定。因此，遇到这种情况时，千万不能

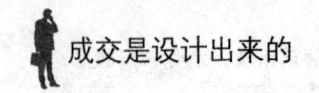

采取"悉听客便"的坐等态度，一旦时机成熟，就要主动建议客户购买，促使客户成交。不管客户表现出怎样的疑虑，你都必须一再提出保证，肯定客户购买此产品是当下最明智的选择。

很多人之所以不敢主动向客户提出成交要求，主要是害怕遭到客户的拒绝。他们害怕提出成交要求，遭到客户的拒绝后，会破坏原本良好的洽谈气氛。但是要知道，只有我们主动一些，才可能抓住成交的机会；任由客户犹豫不决，甚至放弃，你将会失去成交机会。

1. 引导客户做决定

对于没有主见、摇摆不定的客户，我们应该大胆地建议，引导他们做出购买决定。

引导客户做决定时，可以使用一些诸如"我觉得""我认为""我建议"等委婉的词语开头，以避免口气太生硬，太过于绝对。例如，"我觉得××不错，功效明显，价格也合适"。也可以针对商品的某个优点说："我觉得这款面膜相对来说更适合您，补水效果好，还能美白，最合适您这种肌肤的爱美女士。"

需要注意的是，一定不要随意做出承诺，或替客户承担决策责任，不要使用"我包你满意""我帮你选的这套一定没错的，有问题找我"等绝对化语言。否则，如果客户在你的劝说下买了商品，日后却觉得不好或后悔了，他就会把责任全部推到你身上，认为你在故意欺骗他。

2. 增强客户的购买信心

客户之所以犹豫，主要是信心不足，既可能是对商品信心不足，也可能是对我们信心不足。换句话说，客户不但要考虑商品是否符合他的需求，还要考虑你以及你们公司是否值得信赖。

要想让客户对商品有信心，最重要的是要化解客户的重大异议。因为，这些重大的异议是客户决定购买的主要障碍，如果你能很好地解决它们，客户就会对商品充满信心。一旦你化解了这些异议，就为交易扫除了障碍。这时，就要立刻用合适的语气告诉客户："您看，现在基本上没什么问题了，那我们就这么定下来吧！"

同时，向客户推介商品时，我们也不能忘了向客户推介自己。要让客户相信你，相信你们公司，相信通过你完成交易是绝对安全的，从而提高客户的购买信心。你要向客户说明你们的服务理念，承诺你们的良好服务，也包括售后服务。必要时，可以通过个案展示让客户知道并不是只有他（她）一个人从你们这里购买了商品，在从众心理的影响下，客户会信心大增，加强购买欲望。

迂回解决：转移客户注意力等待时机

即使你的销售能力很强，也不一定应对得了所有的客户；即使掌握再齐全的销售话术，也很难解释客户提出的所有问题；自认为再完美的商品，也会遇到更较真的客户……

因为在销售工作中，不是所有问题都会被解决。比如，在讨价还价时卡住了，双方都不肯退步；客户想要更多的赠品没法给、客户提出更高的服务要求无法答应、客户喜欢的款式颜色没货了等。这些问题本身可能是无解的,有些销售人员会实话实说,直接回绝,甚至出现语言上的冷漠,如"这是我们店的规划""动不了""价格一分钱都不能降了""不可能的""没有""没货""对不起""做不到""没办法"但能说出这种回答的人,多数都没有智慧。

还有一种情况,就是客户或你在情绪激动之下,把话说过了,一时间无法收回,没法给对方台阶下,陷入了较为尴尬的局面……

对于客户提出的无解问题,或遇到尴尬冷场局面,即使打算回旋或软化处理,也需要时间,如果你的大脑反应速度与客户的耐心出现矛盾,客户提出问题后迟迟得不到有效的回复,很快就会陷入僵局,这时买卖差不多也快黄了。

客户提出的问题究竟该怎么应对?既不能直接回绝,也没办法搁置,只能设法转移客户的注意力。所谓转移客户注意力,就是在短时间内,通过前期预设好的某个特定的话题或行为,迅速将客户的注意力转移到其他方面,在其他方面展开沟通,或让客户参与到其他行为动作中,暂时放弃当前的无解问题,待客户情绪或对商品价值有重新认识后,或者你已经想好了应对办法后,再转回到这个问题上来。

也就是说,如果当前解决不了问题,就不要纠缠,要迅速转移对方的注意力。等到时机成熟了,再言归正传,才会出现"山重水复疑无路,柳暗花明又一村"的新转机。

那么,如何转移客户的注意力呢?

1. 让客户愉快地转移注意力

客户心情好，推销工作就变得简单了，因此，在转移客户的注意力时，要让客户保持愉快的心情。而最有效的方法就是先退一步，把话题从推销转移到客户喜欢的内容上，再在愉快的客户体验中抓住销售的有利时机。

很多时候，我们越着重向客户推介产品或服务，客户就会越集中精力考虑如何拒绝或摆脱这种推销活动。不要觉得自己的热情推介会引起客户对产品或服务的关注，因为客户往往会在我们的"引导"下将注意力集中在产品、公司或我们自身的或有或无的缺点上……从而让愿望与结果完全背道而驰。

其实，只要让客户愉快地转移注意力，就能加快成交速度。

2. 避免造成不愉快的气氛

遇到难缠的客户，我们一般会产生两种对立的心态：一方面在我们看来，客户在努力摆脱对于他们来说的"纠缠"；另一方面，觉得客户是在鸡蛋里边挑骨头。这样，你和客户就会产生一种心理隔阂，让沟通在不愉快中结束。

当然，面对客户的冷水时，并不是所有的人都会热情顿失，有些销售人员的销售热情就能坚持，但坚定的销售热情并不一定就是成交的敲门砖。

事情往往总是这样无奈：客户想方设法地努力防范，在自己周围筑起一道"百毒不侵"的铜墙铁壁；我们却千方百计地努力进攻，恨不得一下子就将产品的所有特点或优势传达给客户，以期获得客户的认同。结果我们表现得越急切、越热情,客户的防范心理就越重,对推销活动也就越厌烦。于是,在你守我攻的来来回回中,不愉快的拉锯战由此形成。因此,我们必须保证销售热情的持久性和坚定性。

为了避免形成不愉快的气氛,不要因客户一时的冷淡和挑剔就产生消极情绪,要想促成交易,就要化解不愉快的沟通氛围;不要企图一下子就打破客户精心筑起的铜墙铁壁,应该想办法让客户产生愉快的体验,让客户在愉快的体验中将注意力从排斥转移到自身需求和产品优势上来。

当客户心情变得愉快时,其心理就会渐渐从警惕和防范转变为放松和接纳。

转折处理:先肯定客户,再提出自己的观点

先来看一个案例。

有一天,门店来了一位客户,销售人员热情地给他引荐和讲解产品。结果,客户站在某款产品面前时,弱弱地来了一句:"这款产品颜色太深了!"接下来该如何应对?

销售人员这样应对:"姐,这个颜色不深的!这个颜色经典耐看,三到五年都不会过时。"

客户说:"这个颜色不好看,太深了,灰灰的、暗暗的。"

这时候,销售人员继续和客户解释:"姐,这个深咖色是这两年最流

行的颜色。"

客户显得有些不耐烦："还是觉得不好看，我再看一下吧。"然后，直接就走了！

显然，客户是被销售人员"赶跑"的。

当客户提出异议，和客户争辩，和客户对着杠，不但不能化解异议，还会把客户赶跑。

见到客户，很多人都喜欢把自己所知道的信息，尽可能多地告诉给客户，想要以此来提升客户的认知，因为他们认为，只要把客户的认知提升了，就会接受自己提供的解决方案，感受到自己对他的关心。想法很好，可事实上，很难达到自己的目的。因为客户对销售者天然就有戒备心，他们既不会按照你的思路走，更不会无条件地相信你。

这样的流程，显然是有问题的。在不知道客户真实想法之前，就讲个不停，是无法确定你所说的都是客户愿意听的，也无法确定你所说的，客户自己不知道，更无法确定你所说的是客户感兴趣的内容。这种情况下，你费尽心思说这么多只能浪费双方的时间。面对客户，不要说你想说的，而要说客户愿意听的、想听的。否则，即使你使尽浑身解数，也无法激发起客户的好奇心。

要想解决这个难题，就可以使用间接法，也就是"是的……不过……"法。使用这个方式，虽然也是在反驳对方的拒绝，消除对方的疑虑，但比正面反击要婉转很多，拐一个弯来说明我们的观点，就能间接地驳斥对方的观点。

记住，除了物质，人类最大的生存需求源自心理，即被人理解、肯定、认可和欣赏。我们说得再好都没用，客户是否接受、能否听进去才是最重要的。所以，面对客户的抗拒和问题，我们要先认可，因为只有认可了客户，客户才不会再攻击我们，我们后面说的话他才能听进去。

1."是啊……最后……"

用"最后"虽然有转折的意思，但与使用"但是""不过"等连接词，会让客户更容易接受。

当客户说："这东西价格太贵了！"销售人员可在一旁附和道："是啊，刚开始不少客户也是这么认为的。"随后话锋一转，接着解答，"最后他们通过仔细比较分析，认为买它还是比较划算的。"

2."是的……如果……"

"是的……如果……"源自"是的……但是……"的句法，因为"但是"在转折时过于强烈，容易让客户感到你说的"是的"并没有多大的诚意。

比较下面的两种句法，感觉一下，是否有天壤之别？

（1）"你根本没了解我的意见，因为状况是这样的……""平心而论，在一般的状况下，你说得都非常正确，如果状况变成这样，你看我们是不是应该……"

（2）"你的想法不正确，因为……""你有这样的想法，一点也没错，当我第一次听到时，想法和你完全一样，如果我们做进一步的了解后……"

3."是的……只是……"

以实事求是的态度倾听，用婉转迂回的方式沟通，是优秀销售人员在面对客户提出异议时经常使用的方法。比如,"是的,陈先生,我能了解你的意思,只是我要补充说明的是……"

采用这种方法消除客户疑虑时要注意两点:

(1)当客户明确告诉我们"不喜欢你们的产品,而喜欢别的厂家的产品"时,我们应冷静分析,诚恳讨教。因为事出必有因,只有先弄清客户心中的缘由,才能对症下药,使客户心服口服。

(2)当客户提出某家产品和你们的产品相比较而扬他贬我时,不要盲目抨击客户所提出的厂家或产品,应在笼统地与客户同调的同时,在"但是"或"不过"后面做文章,正面阐明或介绍产品的优越之处,即使前面已经进行过说明,在这里依然要巧妙地再来一遍。

博得同情:学会示弱,引发客户同情心

想想看,上学期间你是否有过这样的感受?如果某位同学很优秀,从来都是第一名,给人以很强势的感觉,在我们心中就会产生一种距离感;而那些总是考试不及格、迟到早退的同学,我们却觉得更容易亲近。原因何在?因为多数人都尊重和仰视强者,并可以从他们那里学到知识和经验,从而让我们少犯错误。但我们也更多地同情和愿意保护弱者,因为这也是人类的天性。

对于我们来说,这也是一个很好的心理学启示。即在销售过程中,一

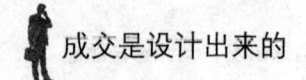

味地逞强,处处表现得锋芒毕露未必是好事,处理不当会适得其反,引起客户的厌恶。有时候,适当地向客户"示弱"反而更易俘获人心。

有这样一段对话:

设计师:"您好,我是××装饰的设计师,上次交谈完之后您说要回家考虑一下,不知道您现在考虑得怎么样了?"

客户:"嗯,我觉得不太适合。"

设计师:"您觉得哪些地方不适合呢?是设计风格不是您想要的效果吗?"

客户:"有这方面的原因,最主要的是某些地方感觉有点不对,但我自己也说不上来。"

设计师:"其实这种情况是正常的,设计方案需要不断优化。如果您觉得不合适,咱们找时间再到店里聊聊?"

客户:"不用了,我这一段时间挺忙的,下次吧!"

设计师:"我知道您忙,但眼看着到月底了,我的业绩指标还差一个,如果您只是觉得设计方案需要修改,我希望您能给我一个机会到店来谈谈。我也不奢求您能签单,我只是想尽我最大的努力给您最好的服务,不知道您愿不愿意给我这个机会呢?"

客户:"嗯……好吧。"

设计师:"太好了,非常感谢您!不知您什么时候有时间?"

客户:"这周三下午吧……"

设计师:"好的,到时候我在店里恭候您的光临!"

与客户交谈中主动示弱,就会触动到客户,激发出客户的同情心。有时候，适度的、有策略的示弱反而能取得人们的理解，更能让你获得生存和发展的空间。

要明白，示弱并不是真正的弱不禁风、毫无强硬之气，示弱是一种聪明的退让。

我们习惯于同情弱者，完美的、强硬的人往往只会让我们对抗和戒备，有缺点和不足的人反而显得更有亲和力，别人与他们相处起来也不会感到压抑。而且，多数人天生都有嫉妒心理，弱势则能化解别人心中的那份嫉妒，并激发别人的同情心。所以，如果想获得更多的签单，就要学会示弱，让客户不忍心说"我不需要"。

当然，这里的示弱并不代表着真示弱，而是为了摸准客户的思路，采用委婉的方法来俘获客户的心。

1. 称呼上的示弱

有些销售人员业绩不错，在行业中算得上是大人物，不知不觉就会产生自傲感，在自我称呼时就会表现出高傲的架子，很容易给客户一种距离感。而比较低调的称谓往往易于给人留下好感，比如，如果你的年龄比客户小，可以说："我是××公司的销售人员赵××，您就叫我小赵吧。"如果你的年龄比客户大，可以说："我是××公司的赵××，您就叫我赵先生吧。"

2. 示弱要有"度"

示弱比逞强好，但过分示弱，同样令人反感。

刚毕业的小郭在某公司做销售，她的一大销售手段就是流眼泪。一次，同事给她介绍了一个客户，她去拜访客户，对方却说："我不需要，你走吧！"小郭立刻就流出了眼泪，搞得客户不知所措。客户很同情她，最后买了她的产品。

从那以后，只要见到客户拒绝，小郭就开始装可怜："我是外地的，一个人在这边，家里还有弟弟要上学，你一定要帮我啊，不然我完不成这个月的销售指标……"

可是，有一次一位客户却直接对她说："陈小姐，从你的介绍中，我发现你的产品满足不了我的需要，你哭也没用，你被老板开除也不关我的事，那只能说明你没能力……"

过分示弱，显得毫无魄力和骨气，反而会引起客户的反感。由此可见，示弱需要掌握一个度，不能为了示弱而把自尊心丢到一边。

第六章
设计一个让客户购买的理由

成交是设计出来的

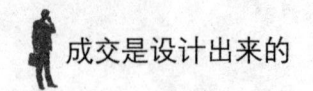

让客户感到好奇：描绘产品的爆点或独特卖点

人类行为动机中最有力的当数好奇心。

路边有一条小狗，当有5个人以上围观时，如果你不知道他们在看小狗，肯定会想知道他们围在那里干什么。如果你的好奇心很重，也许你会走过去一探究竟。这就是好奇心的力量。

在一个关于化妆品的会销中，一位女演讲师在对产品做了介绍之后，问客户："大家还有什么问题，可以举手问我。"

这时一位女士举手说："刚才听你介绍这个毛巾挺神奇的，你确定它能把脸洗得像你说的那么干净吗？"

女士的话刚说完，几乎所有客户的眼神都聚焦在了女演讲师身上。讲师一看这情况马上明白，大家对这个问题都非常关心，她意识到，这是她说服客户的机会。于是她微笑了一下，说道："我相信大家早上洗脸时都会用洗面奶、定期去角质洗面液或肥皂什么的。如果我说这些方法都没有最大限度地清洗干净你的脸，而我只用一条毛巾就可以代替这些洗脸用品，且效果更好，你们相信吗？"

女士说："怎么可能！"台下客户也议论纷纷，传出怀疑的声音。

女演讲师露出神秘的一笑，然后把众人的目光引到仪器上面，说：

第六章　设计一个让客户购买的理由

"我说的到底有没有根据，我们可以让这台仪器说话。"

"这是个什么机器？"有人问道。

女演讲师并没有解释，而是直接进入了主题，她说："下面我们有请4个模特，让她们分别用毛巾、用洗面奶、用去角质及香皂等4种方式进行脸部清洗。"

等到4名模特清洗完脸部后，女演讲师拿着仪器的手柄部分在模特的脸上轻轻地一按，按定几秒之后，仪器的大屏幕上出现了一个画面，其亮色基底上有许多小黑点。

女演讲师讲解道："刚刚有许多人问我这是什么机器，现在我就来给大家讲一讲，这就是可以检测我们肌肤清洁情况的仪器，我们现在看到大屏幕上的小黑点就是隐藏在我们皮肤内的污垢。几位模特虽然使用了不同的清洗方式，但最终还有许多小黑点，这就说明了我们清洗得不够彻底。去角质的效果虽然看似更好一些，却不宜频繁使用，尤其是对于一些角质层薄的人群。"

"可是，这机器准不准呢？"客户中有人发问。

"我知道大家心里肯定会有疑惑，因为仪器是我们的，模特也是我们请来的，大家肯定会觉得信服力不够。下面我们就从在场的各位中随机找几位上来做模特，再随机找上来一位操作机器。这次我们可以做两次检测，即清洗前、清洗后。然后大家再共同见证结果。"

女演讲师说完，便开始从客户群中寻找互动者。客户们显得格外踊跃，上台的人以女士居多。当把洗脸前和洗脸后的情况做了对比之后，客户们大吃一惊，洗脸后屏幕上的小黑点相对洗脸前要少很多。

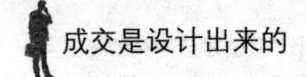

"整个过程都是由现场的几位女士完成的,起码说明了一点,必要的清洗还是有作用的。但是从中我们可能也发现了一个问题,即使用了诸多方法,还是没有完全洗干净。"女演讲师说道。

"是啊,这是怎么回事?"

"那怎么才能洗干净呢?"

面对疑问声,女演讲师说道:"下面我们还是由这位女士操作机器,再给我们做个实验,用我们的产品进行第二次清洁。"

这次的产品是一个组合,一个洗面奶加上一个电动洗脸器,由专业人员操作,清洗、按摩双管齐下,结果再通过仪器检测,所有人都吃了一惊,屏幕上的小黑点所剩无几。

女演讲师笑了笑说:"要说洗得一个黑点也没有那几乎不可能,但我们可以力求做到最佳,尽可能地将脸洗干净。下面我来为大家详细讲解一下这个深度清洁套装组合……"

接着,商品被疯狂哄抢,有些客户甚至买了多份,顺便带给亲友。

这个故事虽然有点长,但可以充分说明,客户在向工作人员咨询问题时,工作人员完全可以利用客户的问题激发出客户的好奇心。

好奇心是人类的天性,是人类行为动机中最有力的一种。如果客户对你是谁及你能为他们做什么感到好奇,你就已经获得了他们的好奇心。相反,如果他们一点也不好奇,你将寸步难行。换句话说,如果你能激起客户的好奇心,就有机会创建信用,建立客户关系,发现客户需求,提供解决方案,进而获得客户的购买机会。

因此,在销售时你可以用适宜的语气先唤起客户的好奇心,引起客户的兴趣和注意。那么，如何才能激起客户的好奇心呢？

1. 向客户提刺激性问题

在销售阶段，完全可以利用刺激性问题，引导客户做出满意的决定。

提出刺激性问题可以激发客户的好奇心，因为人们总是对未知的东西感兴趣。而提出刺激性问题会使客户自然而然地想知道结果到底是什么。例如，"我能问个问题吗？"由于人们不仅对请教的问题感兴趣，还有好为人师的自然天性，因此，被询问的客户会很自然地回答："好的，你说吧。"也许他们还会自动设想你会问些什么。

2. 利用群体趋同效应

跟客户沟通时，如果其他人都有着共同的趋势，客户多半也会加入进来，而且通常想知道更多信息。

比如，销售人员说："坦白地讲，赵小姐，我已经为你的许多同行解决了一个非常重要的问题。"这句话足以让赵小姐感到好奇。在好奇心的驱使下，赵小姐就会主动参与进来。当她听到"解决了大多数公司都有的重要问题"时，她肯定想知道是什么问题、你是如何解决的。这样，就达到了激起客户好奇心的最佳效果。

3. 不向客户提供全部信息

很多人会花费大量的时间来满足客户的好奇心，却极少去想方法激起客户的好奇心。他们觉得，自己的价值就是为客户提供信息，于是就不厌其烦地向客户陈述公司和产品的特征以及能给客户带来的利益。

为了满足客户的好奇心，虽然可以向客户提供全部信息，但提供全部信息会大大降低客户进一步参与的欲望。试想，如果客户已经掌握了他们

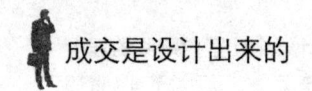

想要了解的所有信息，还会对你的谈话产生好奇吗？他们又有什么理由听你的销售陈述呢？因此，如果你想激起客户的好奇心，希望客户主动了解更多的信息，就不要在一开始就向他们提供所有的信息。

4. 为客户提供新奇的内容

对新奇的东西，人们一般都会感到兴奋、有趣，都想"一睹为快"。更重要的是，人们都不想被排除在外。因此，对于新产品信息和即将发生的公告信息，人们总是那么"贪得无厌"，而我们完全可以利用这一点来吸引客户的好奇心。

比如，"李先生，我们将要推出两款新产品以帮助人们从事电子商务。问题是，让您提前感知到这个信息发布对您的业务可能产生的冲击是不是很有必要？"如果新产品发布确实与客户的业务相关，那客户提前了解就显得至关重要。这时候，还可以告诉客户你要限制参与的客户数量并签订"不泄露"协议，从而使你的信息更具有独特性。

让客户知道产品好在哪里：解释你的产品为什么是最好的

很多人的业绩之所以不太理想，一个重要原因就是他们只是在努力地销售产品，没有将产品的价值最大化地呈现在客户面前。其实，只要把产品或项目的优点如实地分享给客户，就能对客户产生巨大的吸引力和说服力。

互联网时代，产品同质化现象非常严重，信息完全透明，产品跟产品之间本质上没有太大的差异。

如何让产品替你说话？其实，不管采取什么方法，只要让客户觉得购买你的产品能够给他带来预期的收益，他就愿意成交了。

很多人在为客户介绍产品时，总会习惯说我们的产品质量非常好，价格非常合理。然后呢？客户就很少回复了。其实，靠一张嘴一直说自己的产品质量好根本就没用，还要用产品自身的优势、产品相关数据来向客户证明，让客户体验到你的东西确实比别人的特别。

为了早点成交，就要想办法找出你们产品与别家产品的差别。实际上，产品在外观上几乎没什么差别，每家都做得一样，我们只能从产品材料、功能等方面着手。表现产品质量的方法有很多，比如，图片、视频、文字等，都能给客户直观的感受。当客户不能亲自体验你的产品时，数字化的证明就是很好的方法。

1. 与客户深入沟通

为了提高说服力，首先要深入了解产品的每一个细节，然后用通俗易懂的语言转述给客户，让客户了解产品的每一个细节。不管是通过资料学习、到车间学习，还是向老业务员请教，都可以，关键是要透彻了解产品。比如，一台机器，很多不起眼的细节也许就能节省机器的成本、延长机器寿命等。这些你都介绍给客户了吗？

客户问："你的产品为什么贵一些？"你说："因为我们的产品质量好。"客户说："每个供应商都这么说。"你说："我们确实好啊。"搞了半

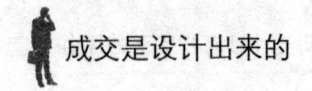

天，你到底好在哪里？客户凭什么为你这句话买单？与其说破了嘴，不如把产品优势摆给客户看，让客户自己觉得你的产品确实值得贵一点。

2. 将产品优势数字化和形象化

有些销售新人不了解产品，不知道怎么将产品特点转述给客户，让客户信服。其实，把产品优势介绍给客户最好的方法就是将产品优势数字化、形象化。比如，如果机器自动化很好，就可以告诉客户，自动化这点优势能够让他们减少人工，并且你们产品操作简单，客户招人也容易；你的机器还能够省电……一句话，告诉客户买了你的产品他能得到哪些实惠。

即使你的产品比其他人的产品价格略高一点，但客户考虑到买你的产品能够得到更高价值，也会心动。所以，要善于发现，善于总结自己产品的优势，并把这些优势化为数字化、形象化讲解给客户。

3. 注重客户的体验性

只有客户体验过产品，才能直观感受到产品效果。

增加客户体验的方法有很多，比如，邀请客户来工厂参观、在展会上直接与客户沟通、给客户寄送样品……我们的目的就是让客户真切感受到产品的效果。不要总是担心自己的产品质量普通，没有过人之处，也不要质疑客户怎么会觉得你的产品好，只要不是假冒伪劣、偷工减料的产品，其实在报价范围内的所有产品差不多都是这样，客户会有自己的心理预判，低价的产品不会要求高价的体验度。只要你能充分表明你的产品的可用性和功能性就行。

让客户感觉买得值：通过价格比较，解释为什么会物超所值

市场竞争越来越激烈，客户对商品也越来越挑剔，往往货比三家、千挑百拣。商家若不下足力气，很难留住客户的心。在客户的购买行为中，促使客户做出购买决定并不完全是因为产品本身的价值，客户感觉价值的判定是客户是否购买的重要依据。客户对某一产品感觉物超所值时，就会较为容易地做出购买决定。

某软件公司的销售人员向一家贸易公司财务部部长推销一款财务软件。这款软件定价为3600元，部长觉得价格有点高，一直为是否购买而犹豫不决。

看到这种情况，销售人员决定为这位部长算一笔账。他问部长："部长，您这边是经常需要对账呢，还是偶尔才需要对一次账？"

部长表示，他们公司是大型卖场和厂商的中间商，财务需要每天和卖场及厂商进行核账。一天起码有3个小时的时间是用在核账上。部长感到很苦恼。

销售人员趁机说："我们这款软件的授权使用时间是10年，平均下来，每天的成本只有1元。这一元钱对公司来说，可以忽略不计，但

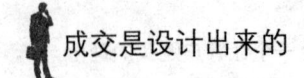

对您的意义却大为不同，可以让您每天空出3个小时的时间。您觉得值不值？"

部长觉得很值，等销售人员刚把话说完，他就决定购买一套。

让客户感觉物超所值，牵涉到一个重要概念：客户价值。客户价值是指，客户从购买的产品或服务中所获得的全部感知利益与为获得该产品或服务所付出的全部感知成本之间的对比。如果感知利益等于感知成本，则"物有所值"；如果感知利益高于感知成本，则"物超所值"；如果感知利益低于感知成本，则"物有不值"。

案例中的销售人员最后使客户欣然接受了这款软件的价格，就是因为他巧妙地运用了"除法原则"。销售人员将3600元的财务软件，分解为每天的成本，只有1元，使客户觉得价格足够便宜。从客户角度来看，部长会产生一种物超所值的感觉。

营销大师科特勒教授曾经说："除了满足客户以外，企业还要取悦他们。"客户是产品和服务的最终购买者，他们的感知对于企业来说就是一切。无论产品还是服务实际情况如何，只要客户觉得好就是好。所以，从客户价值的角度出发，如果客户觉得某个产品价值高，那么这个产品就有竞争力。

优秀的销售人员都会在客户价值上做文章，能抓住让客户"心动"的关键点，使客户在心理上产生物超所值的愉悦感和满足感，从而获得成交的机会。

1. 提高显性价值

显性成本就是，服务或产品对客户的实用性。比如，服务或产品的功能、特性、品质、品种、样式等，是否符合客户需求。提高产品的显性价值，客户的满意度就会提升。

2. 提高隐性价值

隐性价值是指，服务或产品让客户产生的愉悦感。这种愉悦感，是评估服务或产品价值的一个标准，也是一种情感上的价值满足。客户接受一项服务或一款产品，其实就是在体验和获取情感上的愉悦。提升隐性价值，带来的可能是客户忠诚度的提高。

3. 降低显性成本

显性成本即价格成本。那么，怎样降低显性成本？通常来说，最直接的方法就是"降价"。但一方面，客户希望企业降价；另一方面，降价后客户又担心产品会有问题，反而不敢购买。所以，可以为降价找个理由，如店庆、节日、产品换季折扣等，以消除客户的疑虑。除了降价，还可以采用成本转移的方式，如以旧换新、办理积分卡、赠送现金券等。

4. 降低隐性成本

简言之，就是客户接受服务付出的时间、精力和体力等成本。比如，在节假日，为了节省客户等候时间，商场、超市会增加收银台；美容院会为客户指定专人顾问，设计脸部改善方案，解决美容问题等。

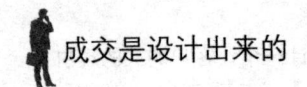

让客户从中受益：降低客户决策风险，让客户零负担

对于有需求的客户来说，最大的销售障碍就是风险，客户重要的需求之一就是安全感。

有5个卖狗人，采用不同的销售策略，取得了完全不同的结果。

第一个卖狗人对客户说："我这里所有的小狗都是1000元一只，只能看不能摸，售出概不退换。"同时摆出一副"你爱买不买，与我无关"的表情。

第二个卖狗人在笼子上标出所有的小狗1000元一只，客户不但可以摸小狗，还可以抱起小狗和它玩一会儿，同时他还会向客户介绍小狗的品种和特点。

第三个卖狗人的小狗也是1000元一只，但他会很热情、很高兴地把小狗抱给客户，并向客户介绍小狗的血统是多么纯正、品种是多优良，可爱的小狗可以给一个家庭带来多少欢乐。

第四个卖狗人的小狗还是1000元一只，他不但会热情地把小狗抱给客户玩，向客户介绍小狗纯正的血统和优良的品种，描述小狗可以带给家庭的欢乐：可以陪小孩子开心地成长，让小孩子更有爱心；可以陪老人开心幸福地度过晚年生活。更重要的是他会和客户说："你把小狗带回家后一周内，如果觉得不喜欢或不想养了，完全可以抱回来换一只或退掉。"

第五个卖狗人的小狗也是1000元一只，他会向客户介绍小狗的血统和品种及小狗能带给家庭的种种欢乐。更重要的是，卖狗人还特意准备了和小狗一样的小狗玩具送给客户，并赠送一个月左右的狗粮，并承诺"一个月内如果不喜欢这只小狗可以来换一只；假如觉得家里不适合养小狗想退掉，可以直接给我打电话，我会把1000元还给你，把小狗抱回来，同时帮你把放小狗的房间打扫干净并消毒。"

请问，如果你是客户，会跟哪个卖狗人买小狗？肯定是跟第五个卖狗人买小狗。为什么？因为第五个卖狗人提出的方案对客户来说没有任何风险。

风险是左右客户购买的重要因素，没人愿意在有风险的情况下购买产品。客户每做出一个购买决定之前，要考虑的是：这个产品是不是我所需要的？我真的需要这个产品吗？价格是不是最优惠的？我购买这个产品有没有风险？……当他们确认没有任何风险时，才会放心购买。

概括起来，客户做购买决定时所知觉到的风险类型主要包括功能风险、身体风险、经济风险、社交风险、心理风险和时间风险。

1. 功能风险

指产品不能完成它们预期的任务。比如，买了一台液晶电视机，买回来却不能出图像。

2. 身体风险

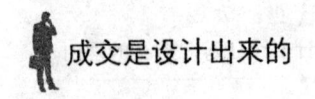

指产品是否会对自己或他人带来身体伤害。

3. 经济风险

指产品的价格是否物有所值或者物超所值，所付出的价格高了还是低了。

4. 社交风险

指选择较差的产品会导致社交困窘。比如，产品过于低廉或不合时宜，过于老土；或者产品价格比别人高，做了个冤大头，就会觉得在别人面前没面子。

5. 心理风险

指选择了不好的产品，会损伤客户的自信心。

6. 时间风险

指如果产品无法发挥预期的功能，就会导致时间的浪费。

如果能消除客户上面所列举的担心，就可以很快达成交易。

让客户感觉实惠：告诉客户优惠力度有多大

爱占小便宜是人性的一个特点，每个人都希望得到"免费的午餐"。但是在很多情形下，爱占小便宜这种心理有时并不是出于功利上的考虑，而是人们在占到"小便宜"后会有好心情。所以销售时，满足客户爱占小便宜的心理，不仅可以让客户买得开心，也能使我们赚得更多。

第六章 设计一个让客户购买的理由

小王开了一家电子产品专卖店，为了布置店面，他花费了不少心思。他的店里，除了各式电子产品外，还陈列着各种物品：有靠枕等小件家居用品，有咸蛋超人等儿童玩具，还有很多小工艺品等。物品很多，使小店显得拥挤杂乱，但其生意却很好。

一次，一位客户到店里购买 MP4。双方经过一番讨价还价，客户有些累了，就坐下来喝杯茶。这时，他才发现茶的味道很好，便忍不住问小王："这杯茶里用的是什么茶叶？"小王拿出一包茶叶慷慨地送给客户。意外得到小王"买一送一"的馈赠，客户觉得占了便宜，爽快地交了款。其实，小王早已买好了很多茶叶存在店里。

如果客户是带着孩子一起来的，他可以送的东西就更多了。但是，小王并不会主动送东西给客户，而是会等客户看中了店里的某一样东西并提出要求时，他才会"慷慨"地送出。

事实上，购买了产品之后，很多客户都会留意店里摆放的小物件，并问小王，能否送点什么给他。因为他们觉得自己和小王做了宗大生意，总得有点什么东西赠送。

小王就是利用人们这种想占小便宜的心理，故意不说是赠品，而在客户提出要求后装作"慷慨"地送给客户。在这种情况下，客户反而觉得是自己占到了便宜。

案例中，小王在店里摆满了各种小物品，就是利用了客户喜欢占小便宜的心理，使客户很爽快且很开心地成交。虽然客户占了小便宜，但小王的生意却越来越好，获得了更多的利润。

贪图便宜是人们常见的一种心理倾向，在日常生活中我们经常会遇到这样的现象。例如，某超市打折，某厂家促销，某商店甩卖，只要一听到这样的消息，人们就会争先恐后地向这些地方聚集，以便买到便宜的东西。因为物美价廉永远是大多数客户追求的目标，很少有人会说："我就是喜欢花多倍的钱买同样的东西。"

在实际销售过程中，诸如优惠打折、免费送货、赠品、附加服务等"小便宜"都可以让客户感到喜悦。如果这些"小便宜"不能让客户感到欣喜，也可以准备一些特色优惠、特色服务，给客户一个"意外的惊喜"。

1. 一开始就给客户一些小便宜

多数人都不喜欢贪小便宜的客户，为了避免出现"给一根葱，他再要一瓣蒜"的情况，便什么好处都不给，这种做法其实很容易得罪贪小便宜的客户，使他们放弃购买。正确的方法是，把能给客户的便宜（赠品、优惠或额外服务）分大小、分阶段拿出来，在客户提出要求时，先给他们一些小便宜，使他们觉得自己占了便宜而加速成交。

2. 出其不意，制造惊喜感

如果赠品、优惠或额外服务等价值较高，虽然也要送给客户，但一定要等到客户打算成交且开口提出时，再拿出来给客户，出其不意，制造惊喜感，这时候客户那种占到"便宜"的窃喜心理会得到最大限度的满足，会觉得是自己争取来的，有成就感，这时交易自然就会达成。

当然，人的欲望是难以满足的，在利用占小便宜型客户的这种心理时，我们要掌握好尺度和分寸，确保在满足客户占小便宜的同时，自己是有利可图的。

3. 不能有求必应，以免使客户得寸进尺

面对喜欢占小便宜的客户，我们不能有求必应，否则会撑大他们的胃口。当发现客户有得寸进尺的倾向时，一定要想办法打断客户这种不切实际的想法。不过，说话时要柔中带刚，力求得到他们的认可。

让客户有紧迫感：产生商品的稀缺感

稀缺，有一种可以改变局面、诱导行动的影响力，它不仅左右着我们的决定，也影响着客户的决定。

品牌的价值与产品的稀缺性是成正比关系的，数量越少，价格越高，客户越趋之若鹜；产品越过剩，价格越低，越容易淡出市场。

同一价值的产品，如果在客户心智中不稀缺，价格肯定上不去，客户更不可能高价抢购。比如，翡翠，原本只是石头，但因为翡翠原石越来越少，于是价格水涨船高；红木，珍稀树种的砍伐越来越厉害，导致由几十年树龄的红木制造的家具越来越贵，因为物以稀为贵。

水不稀缺，如何在客户心智中建立稍微稀缺一点的联想呢？农夫山泉找到的千岛湖水源和长白山水源，比其他普通纯净水要稀缺一点儿，所以每瓶的价格就能高出五角钱；如果水的品牌能够在客户心智中建立起稀缺的联想，价格自然而然就高了，如法国依云水的阿尔卑斯山水源、喜马拉雅山冰川水源和青海的昆仑山水源。

稀缺性之所以能够产生价值，是因为它满足了人们内心深处对于新奇和独特的渴望。在日复一日的平凡生活中，人们总是在追寻那些与众不同、能够带来新鲜感受和刺激的事物。一个具有稀缺性的产品、内容或服务，就如同沙漠中的绿洲，可以瞬间吸引人们的注意力，并激发他们的兴趣和需求。

脑科学家通过研究发现：稀缺会增强人们做出决定的紧迫感，导致人们出现"现在就要买"的心理。稀缺性营销的吸引力在于，它可以放大产品的独特性、稀有性与不可多得性。

1. 限时性稀缺

限制时间可以制造稀缺，电商平台的特惠秒杀活动运用的就是这种策略。你经常可以看到，页面上的倒计时器展示着，再过几小时或几分钟折扣活动即将结束。

限时类的稀缺用于实用性商品时效果最好，如铝箔纸、微波炉、牙膏等。即使对这种再普通不过的商品，我们的大脑在意识到限时稀缺的存在时仍然会活跃起来。当我们感受到做决定的紧迫性时，能够处理的信息量会减少，会把关注点聚焦在能够快速、轻松做出评估的事物特征上。我们会跳过一些正常步骤，如对比价格、评估产品的实用价值，不仅会加快购买进程，还会摆脱其他竞品的信息包围，把注意力集中在某个特定的公司或产品上。

与时间限制相关的稀缺可以有多种形式：限期供应、闪购、倒计时、优惠券。在时间造成的稀缺中，客户并非在与其他人竞争，而是在与时间竞争。因此，"即将售罄"之类的社会心理暗示并不会奏效，促销信息应当保持简洁、清晰,要包含促销截止日期与后续恢复的价格等信息。

2. 独特性稀缺

对于寻求声望、尊重或是独特性的人来说,供应量有限制的东西对他们具有极大的吸引力。研究发现,拥有一件稀缺品可以赋予个人以地位与权力,这也是公认能够提升自我形象的方式。

人们经常会通过自己拥有的东西来寻求自我表达,并希望能够得到别人的羡慕与欣赏;不仅想要与人攀比,还想让自己觉得与众不同。抓住这一点,就可以给客户培养一种观念:假如你能拥有一件世人不常有的稀罕物,说明你一定是个不世出的特别人物。

当一件商品能够被很多人拥有时,它在我们心中的分量会变轻。有时候,我们只想与别人不一样,这就是所谓的"对独特性的需要"。如果客户对于独特性的需求较高,就不太可能会因为某个产品不易获得而选择一个更加大众化的替代品。

与炫耀性消费相关的产品,往往在独特性稀缺中表现得非常抢眼,尤其是那些能够彰显财富与地位的东西,如奢侈品、汽车、高端电子产品与服务。

3. 高需求造成的稀缺

通常来说,一件物品越难得到,人们就越想得到它。如果一件物品的稀缺状况是由火爆的需求造成,而非供应量或供应时段的限制等其他原因所致,它在人们眼中的价值会更大。

第七章
灵活应对客户抗拒，更好地促成签单

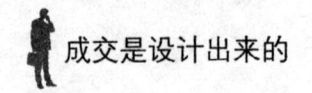

客户说"我暂时不需要",怎么应对

相信很多人对以下情景不会感到陌生:

当你通过电话、邮件和社交媒体与潜在客户交谈了一段时间,摸透了对方的需求和痛点,同时确信你的产品对于他们来说绝对是一个理想的选择。此时,你信心满满,成竹在胸,甚至都开始准备如何谈合同的细则了,客户却突然对你说:"好的,我了解了,不过我现在暂时还不需要,有需要时我会联系你。"

听到这句令人沮丧的话后,相信大家都像被泼了一头冷水,根本就没有欲望和客户继续聊下去了。但如果我们就这样放弃客户,那真的就损失大了。

从心理学角度来讲,面对陌生人推销,客户自然就会产生一种抵触和厌恶的情绪,通常都直接会以"不需要"来应对。一般来说,客户说"我现在不需要"有三种可能:

(1)客户还没有紧迫感。

(2)客户感觉不到产品的价值。

(3)客户只是单纯嫌烦拒绝。

遇到这种情况,究竟应该如何进行下一步呢?

1. 了解客户为什么不需要我们的产品

问:"究竟是什么阻碍了您购买的决定?"

很多时候,最简单的询问往往是最有效的。如果沟通过程非常顺利,但客户就是不下单,可以主动询问原因,让客户直接告诉你,他目前遇到了什么障碍。一般情况下,客户是愿意分享出来的,这样我们就可以知道问题的症结究竟出在哪里。得到答案后,我们就能知道客户犹豫不决的理由,之后就能对症下药。

不过,如果客户一开始就对你爱搭不理,多数只能得到敷衍的回答。

2. 持续跟进,争取将潜在需求变为现实

问:"你觉得什么时候购买比较合适?"

如果客户回答:"我暂时真的不需要。"

你就可以说:"如果我下个月再联系您,情况会有什么改变?或者下个月,情况会有什么不同?"

客户不可能整天都围着你的产品转,他可能正忙于工作,暂时无暇顾及你的产品;也有可能他正在等待上级预算的审批,或者他只是在拖延。但无论怎样,我们都要向客户表达出对当下情况的充分理解,并继续跟进。

3. 积极应对,向客户提供有效的帮助

问:"我怎样才能帮助您更好地说服你们的决策者?"

很多时候,客户迟迟不下决定,是因为上级的反对,或者他根本就不是团队最终的决策者!如果客户不是最终的决策者,确实会影响下单。首先,我们要尽量做到热情,让其有被尊重的感觉,这时你可以问客户,你

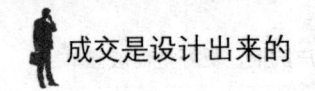

能够给他提供什么样的帮助，让他去说服最终的决策者？如果能要到决策者的联系方式，就直接和决策者沟通，这是最好的方法。

4.展现价值，与客户建立起信任关系

问："非常感谢您，如果您现在真的无法做决定，无论我说什么，都只会浪费您的时间。不过，我今天手头上刚好有一些关于'您的行业、市场、您遇到的挑战'的资料，我可以发给您参考一下吗？"

如果客户确实没预算了，那目前就可能没办法说服他购买。这时候，可以改变一下角色，以退为进，不定期地给客户发送对他有用的信息，给客户带来额外的价值。这样，我们就能在客户心中建立权威专业的形象。

很多事情都可以向客户传递积极的信号，比如，节日问候、市场行情等。向客户充分展现你的诚意，就能获取他们的信任，并让客户记住你，下次当客户需要购买时，第一个想到的自然就是你。

总之，当客户拒绝时，一定不要放弃，要继续保持耐心和热情，设身处地地为客户着想，因为这是成交的"关键点"。只要努力摸清客户真正的需求，主动寻找并积极去解决，精诚所至，金石为开，客户最终会被你打动，从而让你获得更多订单。

客户说"我没时间",怎么应对

一般来说,如果客户以"不好意思,我没时间"为理由拒绝你,也许是对方真的有事很忙,但更多的可能只是一个借口。我们对客户的话:"好吧,等您有时间我们再联络!"这样将永远约不到客户,因为客户是不会主动联系我们的。

遇到这种回复,该如何应对呢?

第一种方法是对客户表示理解。

为了争取这样的机会,要先对客户表示理解,然后再进一步说服。因为每个人都希望得到别人的理解与肯定,所以不妨先肯定客户没有时间的说法,表示理解,让客户感受到我们对他的理解,然后再进一步劝说客户。

第二种方法是告知利益。

试试这样说:"如果我给您提供的产品不能帮您节约成本、带来可观的利润,我是不会浪费您的宝贵时间的。我保证我们的谈话不会让您失望,麻烦您定个日子,选个您方便的时间!我星期一和星期二都会在贵公司附近,可以在星期一上午或星期二下午来拜访您!"

我们要迅速而准确地判断出客户究竟是"真忙"还是"假忙"。如果

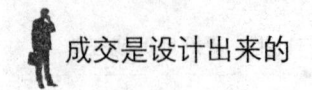

对方确实是因为忙而脱不开身,我们要表示理解,等合适的时间再去拜访。既然客户强调自己没有时间,不妨告诉他,与他见面并不会耽误他太多时间,这能让客户更容易接受。

当然,还要注意以下三种情景:

情景一:初次接触,客户表示忙碌

首次与潜在客户联系,对方表示最近工作繁忙,没有太多时间了解产品。

话术:"×总您好,非常理解您最近的忙碌。毕竟,事业成功的人总是忙碌的。不过,我相信我们的产品能够为您的工作带来一定的帮助和效率提升。如果您方便,我可以先为您简要介绍一下产品的主要功能和优势。当然,如果您有疑问或需要进一步了解,随时都可以联系我。期待能够为您的工作带来一丝轻松和便利。"

在这个案例中,首先表达了对客户忙碌的理解,并赞扬了客户的成功。然后,简要介绍了产品的主要功能和优势,让客户对产品产生兴趣。最后,提出了在客户空闲时再进行深入沟通的建议,既尊重了客户的时间,又保持了与客户的联系。

情景二:已建立关系,客户再次表示忙碌

与客户已经建立了良好的关系,但客户表示最近工作繁忙,无法安排面谈或会议。

话术:"×总您好,听说您最近工作特别忙,真的很辛苦。我理解您的时间非常宝贵,所以我们可以在您方便时再进行沟通。不过,我还是想提醒您一下,我们最近有一些新的产品动态和市场信息,可能会对您的业务有所帮助。如果您需要，我可以先通过邮件或微信把这些信息发给您。当然，如果您有疑问或需要进一步了解，也请随时告诉我。希望我们能够共同把握市场机遇，为您的事业添砖加瓦。"

在这个案例中，首先表达了对客户忙碌的关心和理解，并赞扬了客户的付出。随后，提到了公司最近的一些新产品的动态和市场信息，引起客户的兴趣。接着，提出了通过邮件或微信发送信息的方式，方便客户在空闲时查阅。最后，再次表达了愿意为客户提供帮助和支持的意愿，以保持与客户的良好关系。

情景三：客户表示忙碌，但表现出对产品有兴趣

与客户沟通时，客户表示最近工作繁忙，但同时又表现出对产品的浓厚兴趣。

话术："×总您好，看到您对我们的产品这么感兴趣，我真的很高兴。不过，我理解您最近的工作非常忙碌。为了让您能够更好地了解我们的产品并做出决策，我可以先为您准备一份详细的产品资料和案例分享。同时，我也会根据您的时间安排来协调后续的沟通和会议。希望我们能够尽快找到合适的时间进行深入交流。期待能够为您提供更优质的服务和支持！"

在这个案例中，首先肯定了客户对产品的兴趣，并表达了高兴的心情。然后，提出了为客户准备详细的产品资料和案例分享的建议，以满足客户对产品的了解需求。接着，表示会根据客户的时间安排来协调后续的沟通和会议，体现了我们的灵活性和尊重客户的意愿。最后，再次强调愿意为客户提供优质服务和支持的意愿，以增强客户的信任感。

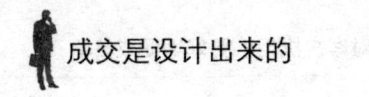

客户说"我再看看",怎么应对

在产品销售过程中,客户说出"好的,我再看看"这句话时,通常意味着他们对商品有一定的兴趣,但可能存在一些疑虑或担忧。作为销售人员,我们需要及时识别客户的真正需求,以便采取适当的措施。

"我再看看吧!"很多销售人员听到这句话时,头就开始疼了。只要客户一离开自己的店面,被其他门店拦截下来的可能性太大了。尤其是在人流量比较少的门店,有时候等半天都不一定能接到一个客户。

有时候好不容易接到一个客户,当你兴致高涨地介绍完产品后,客户却淡淡表示"我再看看吧"。很多人都面对过这种崩溃的情形。这个时候,应该怎么应对呢?

有的销售人员会说:

这套产品(衣服)最适合您……(错)

只有最后一套了……(错)

直接放弃……(错)

我们可以多送点赠品……(错)

您看了这么久还考虑什么?……(错)

有的销售人员甚至会甩脸给客户看……(错)

其实，一般客户说"再看看"时，是他想要更优惠的价格，或者说让你多送一点赠品给他，或者他担心质量、安全方面的问题。

如果客户最后又折回来了，销售人员却说："刚刚就跟您说了，我们的产品是最好的，是最优惠的。"其实就是在告诉客户，刚才你的做法是错的。这样，会让客户觉得没面子，即使这次出于尴尬买单了，下次路过你们店铺时也会产生反感和回避的心理。

那么，当客户说"我再看看"时，正确的回答方式应该是怎样的？

方法一：问出真实原因，把客户拉回来，再努一把力

我们可以沉默一下，然后诚恳地发问："先生/小姐，我相信这是您慎重的选择，只是，我想知道您想再看的真实原因是什么？我怕我有解释不到的地方，是价格，是质量，还是？（不说话了，等着他往下接话）"。

用眼睛看着他的眼睛，等着他往下接话。在这种沉默对视的压力下，有部分客户就会说出真实原因："哦，小伙子，其实我就是觉得价格有点高。"

这时你要接上说："哦，原来是价格问题，刚才可能我没说清楚，我们现在正在搞活动，来，我再跟您详细说一下。"再把客户争取回去。

有时客户不愿意说出真实原因，还打算直接走掉，怎么办？仍然是要再拉一把。在客户即将踏出店面之际，追出去，对客户诚恳地说："先生/小姐，我是个刚做销售的新人，希望您能帮我一下，您能告诉我您不购买的真实原因是什么吗？是价格，是质量，还是？"

接下来要耐心等着客户往下接话。

一般情况下这时客户已经放松下来，加上多数人都有一种助人为乐的

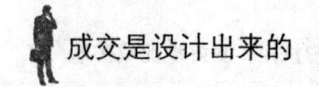

精神，一般会很大度地告诉你："其实也没什么，就是觉得价格有点贵。"

这时候我们再把客户拉回去："原来是价格问题啊，刚才可能没跟您说清楚，我们这里还有一个活动，我再跟您介绍一下。"

这时候本来就看了很久商品的客户，往往有很大概率买单。

方法二：让客户按照你设定的标准去衡量别的产品，比较后再回来

这个方法的重点是设定相应的产品价位和质量标准，并引导客户按照你设定的标准去衡量别的产品，从而让客户在做出比较后还能再回来。

按照四个方面去组织对应的语言即可：

我们有，别人没有的东西；

我们能做，别人不愿意做的事情；

我们做得比别人更好的东西/事情；

我们的附加值。

预先设定好比较的标杆，在客户心目中留下不可磨灭的印象，让客户只要去比较就会想到这些标准，从而用我们的优势去打击别人的劣势。

"这两个都不错，你看我买哪一个？"

这是一个结束信号，很多销售人员听到客户这么说时，马上就会指着其中一个说："这个好，你买这个吧！"随即打算开票。

这样做的结果就是客户买回去后回来调换、退货的风险变得很大。因为是你给客户选的。客户回过神来，可能会抱怨："当时我就犹豫不定，你帮我选的，结果不是我喜欢的，所以你要帮我换或者退。"

经验告诉我们，遇到这种问题，不能急着让客户掏钱，为了避免后顾之忧，我们一般不帮他下结论。

遇到客户让我们帮着选，怎么回答呢？

这么说："这件的特点是……那件的特点是……你觉得呢？"

如果客户非要你决定，那么我们就帮他决定："我个人觉得这个比较好，你觉得呢？"

最后一定要问客户，让客户点头确认。

这样的深入交流还有一个好处——往往通过比较客户愿意选贵的那一个。

如果客户仍然犹豫，这时候你可以说："一分价钱一分货，我建议您选择这个，虽然贵了一点，但确实上了一个档次，而且比较适合您。"

客户说"价格太贵啦"，怎么应对

销售人员最怕的不是客户说"太贵了"，因为嫌货贵才是买货人。而是自己付出了大量的时间和精力，打电话，做讲解，算价格，算贷款……做完后，问客户："您觉得怎么样？"他却说："价格太贵了。"遇到这种问题，该怎么办？

错误的回答：

"好的，那这边我就先不打扰您了，您后续有需要时都可以随时联系我。"（不会再找你）

"好吧，那您先忙，等您考虑好了我们再约。"（没挖出问题根源）

回顾下，这样跟客户聊，客户回过你几个电话？最后谈成的有多少？客户真的是在考虑吗？客户还要考虑多久？如果你相信了客户的话，以为客户回去会考虑，等着客户来回复，成交就遥遥无期了。而且，这种回答还会让客户觉得你对产品的信心不够，从而让客户更加举棋不定，你自己也很煎熬疲惫。

与客户辩解"贵与不贵"，客户的认知始终都会处在"贵"的框架里，我们所要做的不是与客户辩论"贵与不贵"，而是换掉客户认知的"框"，不要把对话变成一场"辩论赛"，要站在客户的角度转换问题，即换框，并解决问题。

如果客户觉得价格贵，可以参考下面几段对话。

场景一：

客户："你家东西有点贵。"

回答："我非常理解您觉得价格有些高的感受，不过您仔细想想，我们产品所带来的价值远远超过了这个价格。您看，它的品质是一流的，能让您长期安心使用，而且后续服务也非常完善，能为您省去很多后顾之忧。其实综合算下来，它真的是物超所值。现在投资一点，将来会收获更多。"

场景二：

客户："我认同你说的，但是还是觉得有点贵。"

回答："那您看这样好不好，我们在价格方面可能不是特别低，但在同类型产品里，我们的品质绝对是顶尖的。您现在多投入的这一点点，会在之后给您带来长久的满意和便利。就像您买手机，贵一些的往往用起来更流畅，体验更好，也能用得更久，我们的产品也是这个道理。而且，我们也可以为您提供额外的增值服务，比如，给您赠送一次洁牙服务或口腔专用漱口水，这些都非常有价值。您再认真考虑考虑呀。"

场景三：

客户："我没有那么多钱，我确实想要，再优惠点吧。"

回答："我非常理解您的情况，我也特别想帮您争取到最大的优惠。其实，我们的价格已经很实在了，但既然您这么有诚意，我去跟领导申请一下，看看能不能给您争取到一个特别的折扣。不过这真的很不容易，您也知道公司都是有规定的。但我会尽力去试试，您稍等一下。"

场景四：

客户："就这么多钱了，行不行，不行我就不买了。"

回答："您看，您都这么有诚意了，我也不想因为这一点价格问题就失去您这位客户呀。行，就按您说的价格，我就当交您这个朋友了，但是作为朋友您要给我们介绍客户啊。"

场景五：

客户："刚接了一个电话，同样的东西，我朋友那里比你这里便宜。"

回答："哎呀，可能是您朋友那边有一些特殊情况。但您要知道，我们的产品不仅本身好，还有优质服务和售后保障。而且，市场上有时候确实会存在一些价格差异，但这并不代表品质和服务是一样的。您在我们这购买，我能确保您享受到最贴心的服务和最可靠的质量。想想看，在您朋

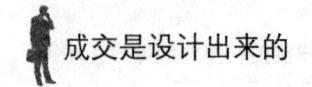

友那购买,后续如果出现问题,处理起来会不会很麻烦?而我们这里绝对不会让您有这样的困扰。您再慎重考虑考虑……"

客户说"我再考虑考虑",怎么应对

客户说"我再考虑考虑",怎么应对?

要知道,这些话多数都是借口,客户心中真正的原因是什么?第一预算不够,第二有钱舍不得花,第三别家更便宜,第四不想向你买。

听到客户的抗拒点,要学会判断真假,因势利导。应对建议如下:

步骤一:探出真相

举个例子:客户想买镜架,还想再考虑考虑。

店员:"您是不是觉得太贵了。您是在镜架上的预算卡得比较严吗?"

客户:"对,我不要太贵的,就想要实惠的。"

店员:"刚才听您一讲,我想店里有一款××镜架蛮适合您,那个颜色、款式和设计,挺符合您的需求的,也刚好只超过您的心理价位一点点,您要了解一下吗?如果您要了解,我现在拿过来,如果不想了解,看看也没有关系。"

步骤二:确认客户的真正抗拒点

通常情况下,即使选了一副适合客户、性价比也不错的眼镜给客户,他依然会说"再考虑考虑",只要他眼睛没离开那副眼镜或随手推开那副眼镜，就说明他心里是喜欢的，只是想砍价。

此时你可以问："先生，这款眼镜在××方面看着蛮衬您的，鼻梁舒适度是不是也挺不错的，您觉得呢？"

客户如果还想和你砍价，你就要耐心为他调整镜架，接着补上一句："您看除了这里，还有其他觉得需要调整的地方吗？"

其实，客户之所以说"再考虑考虑"，无非就是想把价格谈下来一点，当你耐心给他做了调整后，客户还没决定买，就表示他还想还价。

步骤三：以合理的解释回答他

例如，"先生，您的眼光很独到，您相中的这个品牌的眼镜多年前就面临一个抉择，就是可以用更低的成本制造这款产品，让它卖给您时更便宜，但需要额外投资研发成本，让功效达到更好的程度，您使用时虽然暂时会多付出一些预算，但如果是长期使用，将成本分摊，每次使用成本反而更低。"

客户说"别家可能更便宜"，怎么应对

销售过程中，不仅客户有权利拒绝，我们也要学会适时拒绝，尤其是当客户以"别家更便宜"为借口，而开出不合理的价格时更要据理力争。

排除客户没有购买诚意、不想成交的情况，客户之所以这样说，是因为他想试探一下我们，摸清我们的底，以便获得更多的利益。所以，我们

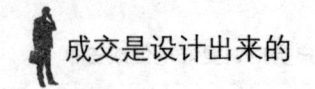

不必担心拒绝客户的价格要求会使交易失败，可以以充分的理由改变客户的想法。

1. 突出产品的独特性

要向客户突出产品的独特之处，并强调这些优势是竞争对手所没有的，是不可替代的。要让客户感到如果不在我们这里买，对他来说将是一个极大的损失，迫使他主动让步，抬高产品的价格。

当然，要想做到这一点，需要动一番脑筋，为客户提供个性化服务，让客户觉得我们的产品或服务是独一无二的。比如，可以这样对客户说："刘先生，我知道您觉得多付150元不值得，我也知道您很担心，但您要知道，我们这里销售的西服，工艺和面料都非常讲究，设计风格更是独一无二，是其他店铺所不能比的。产品这么好，您开出的价格却如此低，我们自然不能接受。"

2. 强调产品能够带来的好处

要把着眼点放在产品的使用价值上，如从产品能为客户节省费用、增加收益等入手，提示产品给客户带来的效益有多大，这也是打动客户的有效方式。让客户衡量利弊后，觉得自己给出的价格确实不太合理。

要想做到这一点，就要清楚地知道产品能为对方带来什么好处，并事先塑造好产品优势。比如，可以这样说："是的，我知道这样的建议会让您增加一大笔广告预算，但它会大幅度提高产品的销量，产生更高的利润，一句话，它会为您赚到好几倍的利润。"

3. 发挥产品的比较优势

比较法是以自己产品的长处与同类产品的短处相比，使其优势更突出。如果你确实不能接受客户开出的价格，就要清楚明确地解释自己的理由。将竞争对手的产品优势和价格如实地说出来，通过比较，让客户看出我们的产品不但质优而且价格也合理，这时候如果他们再压低价格，就没道理了。

具体来说，可以这样做：

（1）请客户提示比较标准。价格是否昂贵，往往都是相对而言的。如果客户觉得价格太高，就可以问："您能否告诉我，您是与什么比较而认为我们的价格太高？"如果客户只是随便说说，并没有依据，他就可能放弃自己提出的不合理的价格；如果客户能够明确地指出来，表达得越具体，你获得的信息就越充分，也就越有利于从中找到说服客户的依据。

（2）与同类产品进行比较。客户说"我在别的商店看到一模一样的提包，只卖25元。"可以这样回复："当然卖25元了，那是合成革的。皮件材料有真皮的，有合成革的，从表面上看两者极为相像。您用手摸摸，再仔细看看，比较一下，合成革提包哪能与真皮提包相提并论。"

总之，面对客户说"别家更便宜"时，不要轻易妥协，一定要坚信定价是合理的，底气不足是无法说服客户的。要让产品充当我们的"代言人"，让客户自己意识到我们的产品是物有所值的，从而收回不合理的价格要求。如果根据实际情况，客户确实接受不了我们给出的价格，可以向客户推荐其他产品。

记住，价格永远都不是销售的决定因素，谈价格时为了不陷入"价格战"，唯一的办法就是将谈判内容从价格转化为价值。

成交是设计出来的

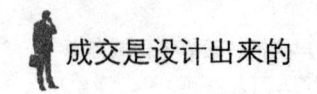

客户说"我做不了主",怎么应对

客户在购买过程中,可能会因为金额较大、并不是一个人使用等原因,对独立做出决定有担心或迟疑,这时就会提出下面的问题:"我做不了主,得回去和家人商量一下。"这时候,该如何应对?

其实,客户说"我做不了主",并不意味着我们与客户的沟通就前功尽弃了,我们可以通过弄清客户拒绝所隐藏的含义,来确定面前的人是否有购买的决策权。如果对方没有购买的决策权,就要想办法搞清楚起决定作用的人,再与有购买决策权的人进行沟通。如果对方拥有决策权,就要搞明白导致对方说"做不了主"的真正原因是什么,了解清楚对方迟疑的真正原因后,再"对症下药"加以解决。

我们必须有耐心,不能逼迫客户马上做决定,要通过自己真诚和良好的服务去赢得客户的信任。当客户跟你说"做不了主"时,一般情况下隐含了两个意思。

意思一:客户确实做不了主,还没有找到决策者

这时你要询问对方有决策权的人是谁,并与决策者进行有效联系。

这里有个场景:

汽车4S店内,客户王先生看完车后,对车子很满意,与销售人员小

赵谈得很融洽。当小赵询问王先生能否当天订车时,王先生说:"我还做不了主。"小赵经过进一步询问,得知王先生需要请示太太后才能决定是否购买。于是,小赵便诚恳地邀请王先生和太太下次一起来看车,并和王先生约定了下次见面的时间。王先生与太太一起看过车后,均表示满意,于是小赵把这辆车顺利地销售了出去。

意思二:对方能做得了主,只是想以此为借口拒绝你

这时,就要找出客户拒绝我们的原因。如果客户没有了顾虑,而且你的产品确实是对方所需要的,对方又具备支付能力,客户自然就不会再说"做不了主"了。

这里有个场景:

小马是一名保健品销售人员,公司主要做会议营销。一天,她带着老张夫妇一起参加营销会议。

会场上的保健专家课讲得很好,台下的听众很喜欢听,对产品的疗效也很满意。但在确定签单意向时,老张告诉小马:"自己做不了主,需要征求老伴儿的意见。"回想跟他们夫妇接触的过程,小马发现老张健谈,他老伴儿却不太爱说话,他意识到具有购买决策权的是老张。

于是,小马坦诚地对老张说:"张大爷,我们知道,养生的关键是体疗、食疗、心疗,但也不能完全忽视保健品的作用。尤其对于上了年龄的人,服用咱们的保健品,可以有效软化血管、降低血压、血糖等。我们保健品获得了国家批准以及保健品协会推荐,疗效显著。您和大婶都可以服用,健康是你们共同的心愿,在健康这个问题上,您做一次主,大婶也不会反对吧?再者,咱们现在是促销期,购买有优惠,价格定得也合理。如

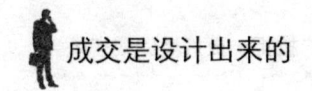

果错过今天,以后再买,可能就享受不到这样的优惠幅度了。"

老张听后,与老伴儿商议了一下,便从小马那儿购买了2个疗程的产品。

在这个案例中,老张其实有很大的决策权,他之所以说"自己做不了主",是因为销售人员的介绍还没有打动自己。当他意识到产品的价值时,最终还是以他为决策者选择了购买。

总之,在营销的过程中,当遇到客户说"再和家人商量商量"的情况时,一定不要轻易让其走掉,要抓住其犹豫不决的性格特点,尽量说服其购买。

客户说"到时候再说",怎么应对

给客户做完产品介绍后,客户明明很感兴趣,但问及是否购买时,却说:"我现在不着急,过一阵再说吧。"很多销售人员都不知道此时该如何回应客户,最多可能会说一句:"早买早享受,晚买也不一定有折扣。"但是,这句话只是一句苍白无力的销售话术,甚至客户自己都能背下来,对客户一点用处都没有。

那么,遇到这种情况,该如何应对?

1. 辨别客户的真实想法

当客户说"到时候再说"时,首先要辨别客户到底是真的对产品感兴趣，只是现在不急着用而已，还是有其他的顾虑或想法，只是以此当作婉拒的借口。

辨别方法就是：看客户是否会针对产品提出更深入的问题。比如，付款的方式和条件、故障维修的处理、能否有更大的优惠折扣、产品能否真的解决他的问题等。

只有真正的买家才会和销售人员深入探讨产品相关的问题，如果客户从头到尾都不讲关于产品的话，或者只是问一些比较基础的问题，就说明客户对于产品的兴趣度并不高，而且也不确定产品能否帮助他解决问题。

2. 结合客户的情况采取措施

（1）客户确实喜欢产品，但目前不急着用

客户之所以会说"到时候再说"，原因之一就是确实急用。对于这种客户，只要给他一个现在必须购买的理由。比如，客户计划年底给母亲换一部新手机，路过手机店就来看看，听完你的介绍后觉得这款手机很不错，想等年底时给母亲买这款。这时，可以这样和客户说："我觉得孝敬父母的计划其实是可以适当提前的，您既然这么看好这款手机，何不尽早买下？明天正好就是周末了，回家看望父母时送给她一个惊喜，我相信老人家一定会很开心。"

给客户一个现在购买的理由，成交的可能性就提高了。

（2）客户对产品很感兴趣，但仍有顾虑

客户之所以会说"到时候再说"，原因之一就是马上就要年底了，客户觉得年底会有优惠活动，打算等年底促销活动时再购买。

面对这种情况，可以这样和客户说："我理解您先不着急用，可以过

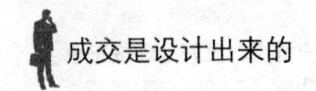

一阵子再说,但如果您现在就急着用,会立刻购买吗?还是说会考虑其他因素呢?比如,现在购买是不是最划算,或者不确定是否要跟我买呢?"

主动提起对方可能存在的疑虑,对方就会觉得你的话一下子戳到了痛点,愿意听你接下来的说辞,从而判断自己担心的问题是否存在。如此,你就掌握了沟通的主导权。

(3)客户对产品的兴趣并不大

如果客户从头到尾都没有提及和产品相关的问题,只是"到时候再说",就说明客户对于产品的兴趣不大,也不知道产品能帮助他解决哪些问题。这时,我们就要先了解客户的现状和遇到的问题,以明白产品该如何帮助客户解决问题。只有对客户的问题感兴趣,客户才会对你的产品感兴趣,并告诉你他的真实想法和疑虑,从而提高成交的可能性。

处理完客户的疑虑后,开始进入成交环节,可以这样说:"您要试试看吗?反正咱们有7天无理由退款,如果您使用得不满意,可以全额退费。这是目前市面上最新的款式,您要试试看吗?"

总之,当客户说"到时候再说"时,不要轻易放弃,要弄清客户的真实想法,然后根据客户的具体情况采取不同的应对方式,说不定就有机会拿下这一单生意。

第八章
销售高手最爱的成交法则

成交是设计出来的

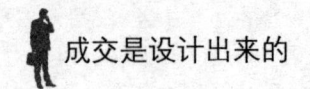

AB成交法：避开"要""不要"的问题，让客户直接做选择

AB成交法也就是所谓的"二选一"法则，指的是避开"要"还是"不要"的问题，让客户直接在A和B之间做出选择。

话术通常是：

"你喜欢黑色的，还是喜欢白色的？"

"你看我们是周六下午签单，还是周日上午签？"

"你是怎么付款呢？现金，还是微信支付？"

该方法需要向客户提供两个选项，无论对方选择哪一个，都能达到预期的销售结果。这种策略，可以将决策框架从"是否购买"转变为"购买哪种"，缩小了客户的决策范围。

某街角处有一家拉面馆，除了拉面外，老板还为食客们准备了茶叶蛋，食客在吃拉面的同时，还可以选择是否放茶叶蛋。当然，为了增加收入，老板自然希望每个客人都放上一两个茶叶蛋。

店里有两个年轻漂亮的女服务员，暂且命名为甲、乙。她们工作起来都很卖力，但让老板感到奇怪的是，服务员甲总能让客户高兴地答应在自己的面碗里放一个或两个茶叶蛋，而服务员乙接待的客户，几乎没人愿意放茶叶蛋。

老板知道，这不可能是巧合，不可能是甲接待的食客都喜欢吃茶叶蛋，而乙接待的都是不愿意吃茶叶蛋的。于是，他决定弄清究竟。通过观察他发现，奥秘就在她们接待食客时的开场白里。

服务员甲："您好，您需要一个茶叶蛋，还是两个茶叶蛋？"食客很自然地回答"一个"或"两个"。

服务员乙："您要加茶叶蛋吗？"可能，多数人回答"不需要"。

这里主要运用了心理学上的"二选一"法则。服务员乙给客户的选择是"需要"或"不需要"，于是多数人选择了"不需要"。而服务员甲给出的选择是"一个"或"两个"，客户只能二选一，于是她顺利地卖出了茶叶蛋。

在销售过程中，我们当然希望客户能够跟随你的心意做出选择，但将自己的意愿直接强加给客户，势必会引起客户的反感，会适得其反。运用"二选一"法，更容易占有主动权。因为它在很大程度上缩小了客户的挑选范围，且范围往往会缩小到只有"买"的选择。最后，客户自然就会顺理成章地答应他的请求。

AB成交法的运用，好处如下：当客户面临多个选择时，可能会感到困惑或无法决定，提供二选一的选项，他们就能对选项产生兴趣或认同，从而提高购买意愿；在两个选项中选择一个，虽然是一种被动选择，但会最终实现成交，这样就增加了成交的机会；客户可以更快地做出决定，节

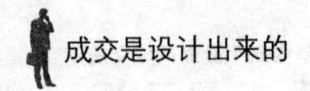

省了时间,提高了成交效率;客户二选一,就能减少犹豫时间。那如何运营 AB 成交法呢?

1. 把握客户心理

运用该策略时,需深入理解客户的消费心理。面临选择时,客户往往会倾向于简化决策过程,避免过多思考。为客户提供两个明确且相对合理的选项,客户就能快速做出决定。

举个例子。

客户需求:(1)明确价格:500 元内;(2)需要一口健康不粘的炒锅。

推荐产品:"我们的不粘炒锅非常符合您的需求,我给您详细介绍一下。"

2. 凸显产品优势

为了满足客户的核心需求,我们不仅要了解客户的需求和偏好,产品还要有差异性,我们可以通过对比和强调两个选项的不同点,凸显出产品的优势和特点,从而让客户更好地理解产品的价值,并让他们在选择过程中更加关注产品的核心卖点。

3. 成交与跟进

成交后,要做好后续跟进工作。通过良好的跟进服务,增强客户的信任感和满意度,为未来的再次交易打下基础。

从众成交法：充分利用从众心理，引导客户做决定

在心理学中有一种叫作"羊群效应"的现象：

羊群是一种很散乱的动物组织，平时它们会盲目地左冲右撞，但一旦有一头羊发现草场并朝草场跑去时，其他羊就会不假思索地一哄而上，全然不考虑周围是否有狼群潜伏或不远处是否有更好的草场。简单地说，就是头羊往哪里走，后边的羊就跟着往哪里走。

这种"羊群效应"体现的就是一种从众心理。卖家摸透客户的从众心理，就可以借助这种心理来销售产品。

社会心理学研究也表明，从众行为是一种普遍的社会心理现象。客户之间的相互影响和相互说服力，可能要大于我们的说服力。利用客户的从众心理促成交易，是一种最简单的方法。

一般而言，在客户购买产品时，不仅会考虑自身的需要，还会顾及社会规范，服从社会的某种压力，并以多数人的行为作为参照。从众成交法正是利用了客户的这种心理，营造出了一种众人争相购买的气氛，促使客户迅速做出购买决策。

举一个简单的例子。

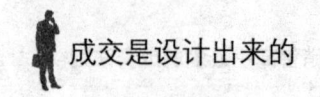

爱美的女士在逛商场买衣服和包时，售货员经常会提到"这是今年最流行的款式，是××明星同款""这是今年最流行的颜色，卖得最火"，多数消费者会因为售货员的这些话术而决定购买。原因很简单，购买商品时，消费者考虑的不仅仅是自身的需求，还会以多数人的行为作为购买商品的参照。

客户之所以决定购买某种商品，是因为多数人都在用！而客户之间的这种相互影响力，这种随大溜的"从众心理"，远胜于任何形式的广告和销售人员的说服力。

运用从众心理促成交易时，应当做好哪些方面？

1. 保证产品质量

从众心理是吸引客户购买的一种手段，只有产品品质好，才能让从众心理驱使的购买行为持续不断，并提升客户的重复购买率。

2. 向客户列举案例

虽然客户具有从众心理，但如果你所列举的成功销售案例没有足够的说服力，客户也不会为之心动，更不会买单，所以你应当尽可能地选择那些尽人皆知、比较有权威性的、对客户影响较大的老客户作为列举对象，否则很难激起客户的从众心理。比如，可以告知客户某明星、某名人都在使用本产品。

3. 实事求是，不夸大

向客户列举案例时，一定要本着实事求是的原则，切忌夸大其词，否则一旦客户发现你所列举的案例不具备真实性，就会觉得你是在欺骗他，并认为你是不值得信任的，甚至会站出来揭穿你的谎言，这对你没有任何好处。

利用从众心理吸引客户购买，一定要掌握一个度，否则客户就会觉得自己在被人忽悠，容易产生一种被欺骗、被愚弄的感觉。

高帽成交法：对客户进行恭维，对他们表示肯定

心理学揭示，适当的恭维能取悦人心。马斯洛的需求层次论告诉我们，解决温饱问题的人都有被人尊重的精神需求。而恭维客户，就意味着对客户的认可和尊重，满足了客户的被尊重需求，就更容易得到客户的正面回应。

在销售过程中，恭维的语言发挥着重要作用，可以拉近人与人之间的关系。

比如：

对商人，要说他聪明，眼光前瞻，生财有道。

对官员，要说他任劳任怨、心系百姓、德高望重等。

对技术员，要说他年纪轻轻就获得了重要岗位，未来不可限量等。

对于客户总经理，要说他事业有成，行业造诣很深，见解深刻，知识渊博。

对技术型官员学者，要夸他有学问。

多数人都喜欢被人恭维，就连小孩都喜欢听夸奖。稍微留意一下，就

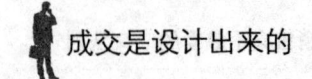

会发现多数男人都喜欢别人恭维他的能力与财富,多数女人都喜欢别人恭维她的美丽与温柔。

有些人觉得恭维是个贬义词,但在销售场合,适当的恭维,却是一种增进友谊、促进沟通的交际艺术。发现了对方的长处并表达出来,对方就会倍感高兴,从而对自己的长处更加珍惜;同时,对方也会反过来长你的威风,让你不断地向前行进。

恭维是一种美德。正确地说恭维的话,可以借鉴以下技巧:

1. 恭维的话不能太多

说太多恭维之言,不仅会让客户感觉不自在,还可能会让客户认为你惯于花言巧语,因而不信任你。恭维过多,也可能会干扰交谈的主题,因为对方不得不客气地表示回应。

2. 恭维的话要有新意

不能总是用一些平常的话语,或陈词滥调来恭维人,要让自己的话富有新意。

3. 恭维的话不可敷衍

草草的几句话,有时并不能得到预期的效果,要让客户逐步陶醉、逐步忘我,进而得意扬扬、沾沾自喜,这就是真正高明的恭维话语所能达到的境界。

4. 恭维的话要把握好时机

既然要说恭维的话,就要把握好时机;此外,话语也不可过火,要让客户感受到真诚。当客户想被恭维时,千万不要让他失望。当你感觉到客户在特意显摆什么时,就表示他希望得到恭维。

5. 恭维客户的成功

与其恭维客户的容貌、身体，不如恭维他们的品位与能力。因为品位与能力是自己奋斗与努力的结果，容貌与身体却是天生的，不能代表成功。

6. 用身体语言恭维对方

恭维客户时，要用眼睛注视对方，流露出正在倾听对方讲话的表情。千万不要摆出一副漫不经心的样子，脸上毫无表情。有时候，脸上流露出羡慕、惊异的表情，这种身体语言"无声胜有声"式的恭维，更容易让客户有满足感。

7. 留心客户的反应

不能一味地讲恭维的话，一旦发现客户对你的恭维显得不自在，或有些反感时，要立刻停止。

8. 不要虚情假意

恭维客户，最忌讳的就是虚情假意。如果恭维的话，说不到位，反倒会让人感到恶心，其结果也只会适得其反，还不如闭上嘴巴。

错失成交法：通过稀缺性，制造紧张感

所谓饥饿营销，就是通过限制产品供应量和时间来创造一种紧迫感和独特性，以激发客户的购买欲望和兴奋感。这种营销策略通常被用于新产

品或限量版产品的推广，可以创造一种独特的购买体验和品牌价值。其核心思想是，创造一种稀缺性和紧迫性的情况，激发客户的购买欲望。

周阿婆卖茶叶蛋，每天只卖500个，下午4点半开卖，基本上到了6点半，就会被排成长龙的客户抢光。有人问她为什么不多做几个，她说："那得花老大劲儿啊！现在我一天只忙几个钟头，回家还能打打麻将，过得滋润着呢？何苦累着自己。"

周阿婆说得有道理，不管是有意还是无意，其实她使用的就是饥饿营销的策略。

饥饿营销最初在国内得到广泛的应用，是有些公司利用这一策略在发售新产品或限量发售旧产品时，通常会发布消息，仅限定数量或于某个时间内提供购买，以激发客户的购买热情，出现所谓的"秒杀"现象，如拼多多的团购限时秒杀和淘宝的限时抢购等。

让客户通过"争夺"才能获取，可以让客户产生上瘾的情绪，是饥饿营销的最高境界。通过限制产品供应量和时间，客户就会认为自己正在购买的是一种稀有产品，从而增加产品的价值和吸引力。

该策略可以通过以下两种方式来实现：

1. 限时

不管是限量销售还是限时销售，都是通过限制产品的供应量来创造一种紧迫感和独特性的，这能让客户感受到他们正在购买一种稀有的产品。比如，星巴克的限定饮品，只在固定的时间段里供应；Nike的某些款式鞋，只在App上限量预约购买。

2. 预约

预约活动可以创造一种紧迫感和独特性，让客户感到他们正在购买一种尚未发布的产品，从而激发他们的购买欲望。比如，某品牌包，就是通过营造稀缺感来唤起客户渴望的。客户要想购买这款产品，往往需要预约，有时甚至要等3~5年才能买到心仪的某款包。

讲故事成交法：讲个故事，消除客户的疑虑

有个销售人员在涉足的行业中维持了近一年的销售冠军纪录，其实他只做了一件事，就是花3天时间在一张纸上列出了最常遭遇的客户抗拒，然后针对每种抗拒点找出2~3个不同的故事来解除。于是，他的业绩在短期内获得了大幅提高。

不仅孩子爱听故事，客户也喜欢听故事。用故事做引导，也是笼络客户的一种有效的销售技巧。

当客户说："我的经济实力很雄厚，为什么还需要买保险呢？"

你就可以这样说："我非常同意你的看法，很多人都认为，自己有很多资产和不动产，不需要买保险。我以前有一位朋友，他非常有钱，拥有许多的资产和不动产，资产总额超过几千万元，但2023年他57岁时，在一次意外中死亡，而当时他妻子只有50岁。就是因为他生前没有买保险，当他死亡后，支付的各种花费、遗产税及其他各种税金总共超过了400万

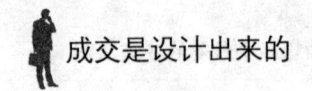

元。想想看,你觉得是每个月花1000元钱买保险比较划算,还是损失400万元划得来呢?"

这段回复就是用别人的故事诱发了客户购买意愿的典型例子。

用故事进行引导确实是一种有效解除客户抗拒的方法。这里还有一个汽车销售人员的案例。

每当客户抱怨价格比较贵时,有位销售人员就会说:"您觉得我们的车子比一般的车子贵,可是您知道吗?我有一个朋友,半年前为了省一两万元钱而买了一辆安全性不如我们的汽车,后来发生了一次车祸,坐在后座的孩子严重受伤,现在还躺在医院里。你觉得是2万元钱重要,还是一个人的生命重要呢?"

当你在陈述自己的观点时,对方很可能会有不同的观点,要想建立共识,就需要进行一番讨论。但是,如果你在讲故事,对方就会将自己代入故事中,并体会故事中的含义。这不是因为你讲故事的水平有多高,而是人的天性,因为人们都喜欢听故事。

客户的时间非常宝贵,为了在有限的时间内吸引客户的注意力,拉近与客户之间的距离,就要学会讲故事。因为故事不仅能够让你的思路保持连续,还能成功吸引客户的注意力,为你赢得更多的时间和更大的机会,从而延续销售流程。那么,应该讲什么故事?

1. 自己的故事

在销售产品之前,先要销售自己。这虽然是一个比喻,但讲故事依然是说服他人的最好方式。

你可以事先准备一些故事,用来告诉别人,你是谁,你为什么在这里。通过故事透露一点自己的私人信息给客户，就不会显得很突兀。

在和客户的沟通中，当对方问你为什么要做销售时，可以使用《穷爸爸富爸爸》的例子："我上大学时看过一本书，名字是《穷爸爸富爸爸》。书里说，多数财富自由的人都有自己的公司，他们通过公司实现了财富自由……书里还说，很多开公司的老板都是销售出身，因此大学毕业后我就将销售作为自己的职业。"

2. *产品故事，或创始人故事*

跟公司背景、成长相关的故事，可以折射出公司的价值观，可以让客户对你们公司和品牌，从几个汉字或英文字母转化为有血有肉的感性印象。可以直接告诉客户，你们公司是怎么创立起来的？创始人为什么要做这样一个产品？他经历了哪些磨难，是如何克服这些困难的？是如何获得第一桶金的？

举个例子，"我们公司的老总出生于山西的一个村庄，他是家里的老二。父母偏爱老大，让老大继承了家产，他基本上什么都没得到。于是，他离开家乡，出门打工，寻找机会。若干年后，靠着自己的努力，他开办了一家小作坊，慢慢地，取得了一些成就，然后就组建了公司，经过多年的发展，如今已经发展成著名的跨国企业。"

3. *别人的故事*

这里的"别人"指的是用户，也就是说要讲客户的故事。告诉面前的客户，过去的客户是如何通过你、通过你的产品或服务，解决了他们的问题。如果现在你面对的是一个技术工程师，就要讲某个技术工程师和你的故事，或者这个技术工程师因为你的产品或服务而获益的故事。

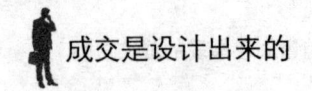

举个例子：

有一次，小杜为了跟客户介绍他们产品的耐腐蚀性能有多么好，就给客户讲了一个他跟另一个客户的故事。

那个客户常年生活在海岛上，周围的环境被高温、高湿、高盐等包围，去一次很困难，他也很少离开。他们有一台水泵原来使用的是我们竞争品牌的产品，开始还不错，后来总是出问题，然后和厂家取得了联系，厂家挺负责，派人来修。后来，这个客户就和那个厂家的技术人员建立了不错的关系，因为很少有人上岛，而那位技术人员一年去了三次。

第二年，岛上改造，旧设备被全部拆除换了新的，包括水泵。新水泵使用的就是我们公司的产品，耐腐蚀性极好。后来，这位客户就总跟公司抱怨新水泵不好，问他哪里不好也说不清楚。有一次春节前夕领导去慰问他，两个人喝多了，那位客户说，水泵不坏，就没人来了……

小点成交法：建议客户先少买一些试用

如果客户想要买你的产品，却又下不了决心，可以建议他少买一些试用。只要你对产品有信心，虽然刚开始订单数量很少，但在对方试用满意后，就可能获得大订单。

典型话术：

"杜经理，我们是第一次接触，彼此都不是很了解。我有一个建议，您第一次可以少买一点，如果使用后觉得效果不错，再多买，您看如何？"

"周总，我建议您先开通一个月权限试试，使用一个月后，如果觉得很满意，我们再续约，您觉得呢？"

对服务行业、商业企业而言，商品的"试用"环节无比重要。用"试用"的方法来吸引客户，建议客户先少量试用，通过试用，培养起客户对产品的信心后，就有可能会获得更大的订单。真正的销售高手都会用好的方法去激活"试用客户"，把他们真正转化为产品用户。

试用产品能在很大程度上帮助商家开发市场，提高客户复购率，形成客户转介绍，提高销量。

一般来说，"试用"大多是以少量、期限短、客户投入少、零投入为特点，这些特点不仅可以降低客户购买的风险，还能增强客户尝试产品或服务效果的信心。比如，海飞丝的忠实客户购物后得到了一包清扬的样品装，回去使用后，发现比海飞丝还好，第二次他就会买清扬的大瓶装；从来不用衣物柔顺的客户某次购物后得到了一包金纺的样品装，使用后发现效果很好，以后就可能会一直使用金纺。

试用客户有不错的产品体验后，还会帮你将产品推荐给其他客户。比如，假如你患有风湿病，试用过小老黑膏药产品后，有效缓解了病情，并发现较其他膏药产品效果更好，你多半会再次购买小老黑膏药进行治疗。这时候，如果你身边有亲朋好友也患有风湿病，你多半会将小老黑膏药推荐给他们。这样，就会有客户转介绍，有了新的订单，他再转介绍给身边的朋友，周而复始，市场就顺利打开了。

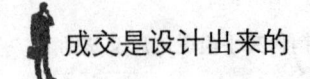

特殊待遇法：让客户享受一点特殊待遇

7月的一天，烈日当头，温度高达35摄氏度，人们摆出一副无力的样子。

这时，一位售后部的同事走过来给了马娜一个电话号码，说："这个电话是客户王先生的，想了解我们的××产品，你给他回个电话。"

马娜立刻来了精神，赶紧拨通了电话。

马娜："您好，王先生！我是××公司的销售小马，听我同事说您对我们的××特别感兴趣，想了解这款产品。不知道您现在是否方便接听电话？"

客户："小马是吧？你好，你这么快就给我打电话过来啦！"

销售人员："你是我们最尊贵的客户，我们必须及时联系呀！"

客户："哈哈哈，我在网上关注××有一段时间了，你们现在好像正在做产品宣传，好像还有什么优惠活动，是吧？"

销售人员："是的，王先生。我们的××，免费试用一个月。听王先生这说话的口音，您是台湾同胞吧？"

客户："你真聪明！你猜对了。"

销售人员："王先生您过奖了，因为我们潮汕人讲话跟你们讲的闽南话差不多。我小时候还唱过闽南歌呢！"

客户："哈哈哈，原来也算自己人啊，我明天刚好有空，要不我明天过来看看？"

销售人员："那太好啦，王先生！我也是这么想的。电话里边毕竟看不到实车，您过来我帮您做个专业的介绍和推荐。那您是明天上午过来，还是下午过来？"

客户："我过去后，就给你打电话！"

销售人员："好的王先生，我们明天见！"

……

第二天早上，马娜给王先生去了电话，他说2分钟后会到。马娜立刻放下手头上的工作，赶紧走到门口等待迎接。

销售人员："早上好，欢迎光临××特约店！我是销售小马，您应该是王先生吧？"

客户："你怎么猜到是我的？"

销售人员："不用猜都知道是您啦！电话里边都听得出来您的气质不一样，所以就一眼认出您啦！"

客户："哈哈哈，小马真会讲话。我想了解一下××，你直接带我看看吧！"

之后，王先生当天就交了定金。

客户都喜欢自己被重视，如果我们能在销售时给予客户特殊待遇，一定会让客户感觉到自己是重要的。比如，你可以这么说："您毕竟是老客户，理所应当要享受到最低的价格……"

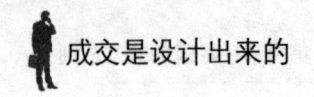

给客户特殊的待遇，让客户感受到被尊重，成交就能快速促成。

1. 满足客户期待

（1）了解客户需求。与客户沟通时，要通过询问、观察和倾听等方式，深入了解客户的需求和期望，为客户提供更加精准的产品或服务。

（2）提供解决方案。了解客户的需求和期望后，要为他们提供针对性的解决方案。这些解决方案不仅要符合客户的需求和期望，还要具有吸引力和可行性；可以通过演示、对比等方式，向客户展示解决方案的优势和特点，以激发他们的购买欲望。

（3）超出客户期望。在满足客户基本需求的基础上，可以提供一些超出客户期望的附加服务或增值服务，来让客户感受到产品或服务的独特性和优势，从而增加客户对产品或服务的信任度和满意度。

2. 提供特殊待遇

（1）个性化服务。每个客户都有不同的需求和期望，要为他们提供个性化的服务。根据客户的具体情况和需求，制订个性化的销售方案和服务计划，可以让客户感受到自己的特殊待遇。

（2）优先级处理。当客户遇到问题或需要帮助时，要及时响应并优先处理。通过优先级处理，让客户感受到自己的重要性和特殊性，可以增加客户对产品或服务的信任度和满意度。

（3）增值服务。除了产品或服务本身外，还可以为客户提供一些增值服务。例如，为客户提供免费的产品试用、免费的培训课程、免费的售后服务等。

长线成交法：与未成交客户保持良好的关系

做销售工作，经常会遇到意想不到的阻力，比如，遇到特别难缠的客户或遭遇别人的白眼。

有的销售人员总是说："客户太难找了，好不容易接近一个人，却又不要我们的产品！"若果真如此，客户都跑到哪儿去了呢？其实，只要我们再坚持一下，不因一次挫折、一次失败就放弃那些对我们不感兴趣的客户，成交也可能会达成。

其实，并非每一次销售都能成功。对于我们来说，未成交客户的数量远大于成交客户的数量，我们不能只强调与已成交客户建立关系，而忽视了未成交的客户。

与未成交的客户建立良好的关系同样重要。即使客户暂时没有购买商品，也不见得将来不会购买，因此对于这类人，我们也要做好维护，跟他们建立良好的关系。未来等他们需要某种产品时，如果你正好有，他们多半会在第一时间想到你。

潜在客户一般具备两个特点：一是他们需要我们的产品和服务，二是他们有购买力。之所以没有成交，原因有很多，有些人是暂时不需要，但过一段时间后会有此种需求；有些人是已有稳定的供货渠道；有的则纯

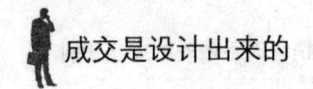

粹是因在观望而犹豫不定……但是，情况是不断变化的，一旦成交障碍消失，潜在客户就会采取购买行动。在初次沟通失败后，着手跟他们建立联系，未来也能抓住成交的机会。

1. 锲而不舍地跟未成交客户联系

为了说服某客户购买，往往需要做第二次、第三次，甚至多次访问。每一次访问都要做好充分的准备，尤其要了解客户的动态。而了解客户最好的方法莫过于直接接触客户。第一次访问后，不主动与客户联系，就难以获得更有价值的信息，就不能为下一次访问制定恰当的策略。如果在两次拜访之间不能掌握客户的动态，下一次拜访时，他就会发现：重新修改的服务方法还得再次进行修改。

2. 和未成交客户做朋友

要努力跟未成交客户做朋友，引导他们改变对我们企业、产品的看法。比如，一位客户对某项产品一直抱有成见，起初拒绝得相当强硬。但销售人员始终没有放弃，一直都在努力接近她，同她谈生活、理想，就是不谈产品。最后客户忍不住了，向销售人员问起该产品的状况。于是，谈话就开始了。

所以，对于拒绝我们的客户，我们要在心理上做好接受失败的准备，不能因为挫折而灰心丧气，要始终抱有一颗积极的心，并随时准备打开客户的心门。

第九章
"互联网+"时代，销售的载体应该多样化

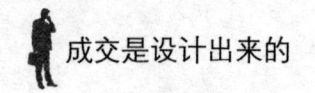

电话营销：打电话是寻找客户最快的方式

目前，商场的客流非常少，仅靠在店面等客户，会非常被动。既然客户不来，那么我们为什么不主动出击，去寻找客户？在众多寻找客户的方法中，电话营销是最有效也是最快的方式。

通过电话营销，我们可以更深入地理解和满足客户需求，更有效地沟通和展示产品或服务的价值，最终达成销售目标。那如何进行电话营销呢？

1. 充分准备

（1）明确目标与定位。在进行电话销售前，首先要明确此次通话的目标，是建立初步联系、收集客户信息？还是直接促成交易？同时，要清晰定位自己的产品或服务，了解其在市场上的独特卖点，以便在通话中准确传达。

（2）研究目标客户。深入了解目标客户群体的特征、需求及偏好，有助于制定更加精准的话术和沟通策略。通过市场调研、数据分析等手段，获取目标客户的基本信息，如年龄、性别、职业、兴趣爱好等，为通话中的个性化交流打下基础。

（3）设计吸引人的开场白。开场白是搭建与客户初步联系的桥梁，其重要性不言而喻，一定要能吸引人。

（4）演练话术与情绪管理。在正式通话前，要多次演练话术，确保表达得流畅和自然。

2. 精准定位

（1）有效提问引导。要通过提问引导客户分享更多信息，快速识别其需求和痛点，更精准地定位客户需求，为后续的产品推荐打下基础。

（2）倾听与反馈。积极倾听客户的回答，不仅是对客户的尊重，也是获取关键信息的重要途径。在倾听过程中，要适时给予反馈，如点头、重复关键词或表达理解，让客户感受到你的关注和认同。同时，还要通过反馈进一步确认客户需求，确保后续推荐的产品或服务能够精准匹配。

（3）识别购买信号。在通话过程中，要敏锐地识别客户的购买信号，如询问价格、支付方式、发货时间等。这些信号表明客户对产品产生了兴趣，并可能进入购买决策阶段。因此此时应抓住时机，进一步介绍产品优势、提供优惠或解答客户疑问，促成交易。

3. 高效沟通

（1）阐述产品优势。介绍产品时，要清晰、简洁地阐述产品的独特优势，如性能卓越、价格合理、售后服务完善等。不要使用过于专业的术语或冗长的描述，以免让客户感到困惑或失去兴趣。同时，为了增强说服力，可以使用案例或数据支持。

（2）强调客户利益。在介绍产品时，要强调其如何满足客户需求、解决客户问题或提升客户体验。通过情感化、场景化的描述，让客户感受到产品的实际价值和魅力。

（3）创造紧迫感与稀缺性。在适当的时机，通过言语创造一种紧迫感或稀缺性，促使客户尽快做出购买决策，激发客户的购买欲望。

4. 处理异议与拒绝

在电话销售过程中，遇到客户的异议或拒绝是常态。对此，要识别并理解这些异议背后的原因，是价格问题、需求不匹配，还是客户对产品不了解？只有了解了真正的原因，才能有针对性地解答或处理。

对于客户的异议，应积极、耐心地对待，通过提问、澄清或提供额外信息等方式来解答客户的疑虑。同时，要展现出对产品的信心和对客户的关心，让客户感受到你的真诚和专业。

即使客户明确表示拒绝，也不能轻易放弃，可以从客户的反馈中寻找新的沟通点或切入点，将拒绝转化为进一步了解客户需求的机会，持续跟进和沟通，逐渐建立信任关系。

5. 持续跟进

通话结束后，要及时整理客户信息和通话记录，建立客户档案。这有助于后续跟进时快速了解客户情况，提供更加个性化的服务。同时，根据客户的购买周期和需求变化，还要定期做好跟进。

微信营销：微信不仅是聊天工具，更是好的营销方式

随着社交媒体的普及，微信已成为中国最受欢迎的社交平台之一，越来越多的企业已经意识到微信营销的重要性，并尝试通过微信向消费者推广产品和服务。

优衣库是国际著名的休闲服品牌，早在微信营销刚兴起时，就推出了微信公众号，利用微信平台为全球消费者提供贴心服务。

为了表达自己对微信平台营销的重视，优衣库特意将微博、官网、淘宝官方网店、易拉宝以及全国门店宣传海报、宣传单页、收银台贴纸等宣传物料全面曝光微信二维码，展开宣传。

消费者只要关注优衣库微信公众号，就能了解产品的最新信息、促销信息和直接进行产品咨询。这个沟通互动平台，不仅曝光了产品，传播了品牌形象和理念，更实现了企业与消费者的双赢。例如，如果消费者想知道优衣库最近的新品上市、打折促销、优惠活动等信息，只要在优衣库微信公众平台上发送"新品""优惠活动"等关键词，就能获取自己想要知道的信息。

微信拥有庞大的用户群体，通过微信营销，企业可以触达大量潜在客

户,显著提升品牌知名度和曝光度。同时,微信具有即时通信的特点,企业可以随时随地与用户进行交流和沟通,解答用户的问题,提高用户满意度和忠诚度。因此,要想提高成交率,就要掌握微信营销的方法。

1. 如何做好微信营销

(1)引流技巧。微信营销的基础是流量,为了做好微信营销,可以采用朋友圈裂变和从其他交流平台引流等方法来获得更多用户。

(2)保持活跃度。无论是在微信群还是朋友圈,都可以通过聊天等方法来保持良好的活跃度,缩小买卖双方的距离,提高商家的信任度。

(3)适当发圈。内容要合理发布,不要出现刷屏的情况,以降低被朋友屏蔽的风险;营销文案要简洁明了,包括产品关键词和产品优势。

(4)学会利用标签。可以给好友设置标签和备注,引流的过程中利用好标签,方便后续根据需求来选择朋友圈可见人群。

(5)营销产品的选择。选择需求量大、利润高、回购率高的产品,比如,为了带动客户的消费积极性,美妆护肤类产品可以根据节假日做不同的促销活动。

(6)依需建群。根据客户的不同需求,建立不同的微信群,有针对性地推广产品。

2. 微信营销的注意事项

(1)选择合适的账号。微信上有两种主要类型的企业账户,哪种账户类型适合你具体取决于你的产品营销策略。

第一种是微信订阅号。这是最常见的一类账户,此账户每天允许发一条群发消息,对于希望每日更新营销内容的企业来说是理想的选择。

第二种是微信服务号。此类账户每月限发4条信息，出现在关注者的消息部分，并提供订阅号中没有的附加功能，例如，微信支付、推送通知、地理跟踪、语音识别等，可以更好地识别流量。

（2）多媒体格式优化账户。账户页面是品牌在微信上的形象，是获得信誉、吸引潜在客户兴趣并将其锁定以用于未来微信营销目的的点，因此优化账户页面至关重要。为了吸引客户，保证成交目标的实现，企业可以将自己的网站、活动或产品登录页面、电子商务页面、微信商店和博客文章链接到账户页面的菜单栏。

（3）写有价值的原创内容。要想吸引客户，离不开出色的内容，因此一定要重视原创内容的编写，提升内容的价值感。

（4）充分利用后台数据。为了方便在后期更有效地扩大账户，要将内容和消息根据不同受众做好分类。

抖音营销：重视抖音等短视频营销

短视频行业井喷的时代，越来越多的企业投入了抖音市场。

在众多平台中，抖音占据了主导地位，成为新的流量和信息聚集地，抖音推广也成为品牌营销的新趋势，适用于各行各业。

短视频营销是现在引流的最有效的方式，其内容丰富、有创意，感染力很强，能够瞬间拉近和用户的距离，帮助企业扩大知名度、增加粉丝数量、提高销售额等。但如果企业不懂得短视频营销的规则，盲目进场，则很容易搞砸。

1. 如何玩转抖音

（1）明确定位，找准方向。利用抖音做营销，明确的定位是成功的关键。首先，要思考企业的目标受众是谁，他们喜欢什么类型的内容。其次，根据目标受众，确定内容方向，是搞笑、美食、美妆，还是其他。

（2）优质内容。吸引眼球的内容是抖音账号的核心竞争力，只有创作出高质量、有趣、有料的视频内容，才能吸引用户的关注。企业可以通过拍摄原创视频、剪辑热门电影片段、分享实用技巧等方式，为用户提供有价值的内容。

（3）精心策划。要想提升曝光度，除了内容本身，还要精心策划视频发布时间、标题、标签等。在发布时间上，尽量选择用户活跃度高的时段；标题和标签要简洁明了、突出亮点，吸引用户点击观看。

（4）互动营销。互动是增加用户黏性的重要手段。可以通过回复评论、点赞、分享等方式，与用户进行互动，让他们感受到你的关注。此外，还可以举办一些互动活动，如抽奖、答题等，吸引更多用户参与。

（5）数据分析。在抖音运营过程中，数据分析必不可少。要关注视频的观看量、点赞量、评论量等关键指标，分析用户的喜好和行为，不断优化内容策略和发布时间。

2. 抖音营销注意事项

（1）了解平台机制。在入驻抖音平台前，要了解其具体的玩法与机制，包括视频发布时有哪些行业敏感词或限制类型。运用抖音平台的推荐算法机制，就能拥有尽可能多的信息，增加对用户与视频的了解。

（2）短视频内容。内容是流量成功的重要因素之一。第一，可以尝试做一些故事性广告，这类广告创意性较强，能快速抓住用户的眼球。第二，做一些互动性视频，增强用户体验感，提升流量转化的可能性。当然，选择视频内容的输出，还要综合考量产品的调性和企业发展目标。

（3）关键词的布局。抖音平台是依靠标签来对人群进行分类的，要注重关键词的布局，使短视频获得较好的排名。

朋友圈营销：每天发一条，业绩就能不间断

互联网高速发展的时代，微信已经成为我们日常生活中不可或缺的社交工具。那如何有效地利用微信提升成交效果呢？方法之一就是发朋友圈。

用户可以在朋友圈发布图片和文字，同时也可以看到好友发布的消息和图片。几张漂亮的照片，几句简单的文字，都可以形象直观地表达用户的经历和情感。虽然微博可以发布文字和图像信息，但微信朋友圈更侧重的是熟人的关系，在熟人间进行互动，其他用户甚至无法看到非好友的回复，增强了信息传递的准确性和私密性。那如何有效利用朋友圈开展业务呢？

1. 用心经营自己的朋友圈

微信朋友圈是我们向客户展现自己的有效手段之一，不要在朋友圈循环发广告，否则很容易被客户反感，甚至拉黑。所以，要经营好自己的朋友圈，就要做到既有广告又有生活。

首先，发朋友圈时不能只发广告，还要发一些自己的生活状态，比如，早上发一些早安物语或正能量的文案等，还可以发一些自己遇到的有趣的事情或热度新闻，甚至发一些个人心情图片或自拍、美食等。这方面的信息至少要占朋友圈内容的50%，让客户清晰地感受到你是一个真实的人，而不是一台工作机器。

其次，发广告时，要注意发布的频率和质量。不要发太多广告，可以选一些重要的信息发到朋友圈，起到通知客户的效果。对于一些特别重要的信息，比如新品上市或重大活动等，可以设置提醒客户观看。若是要发微商广告时，要设置好客户分组，对一些客户不可见。

2. 关注客户的朋友圈

客户往往会在朋友圈中展示自己的生活、经营产品等状态，为了了解客户的情况，就要及时关注客户的朋友圈。同时，还要经常去客户的朋友圈下发表评论，或者做出评论"（配上表情）哇~看起来好好吃哦""风景美，人更美"等。对于新闻类话题，可以提出自己的看法，也可以跟客户讨论。

3. 少发优惠信息等骚扰信息

优惠信息可以偶尔发一次，但不要每天都发。

相信大家每天也会收到一些优惠信息，比如，"超市大促销，满100

减 50""新品大推广，买一送一"等。通常公司举办的促销活动都会持续一段时间，当你第一次群发给客户后，感兴趣的人就会联系你，而那些不感兴趣的就不需要每天发送了。每天发送相同的促销信息，并不能打动不感兴趣的客户，相反还会让他们产生厌烦心理，认为是骚扰短信，拉黑删除你。

4. 经常和客户打招呼

与客户打招呼，群发消息，文字都一样，比如早安、晚安等，并不能取得理想的结果。所以，和客户打招呼最好不要群发消息，要选择私发消息。

在给客户发"早上好"前面加上客户的称呼，客户收到信息时就会觉得你是在单独与其聊天，就更愿意回复消息。客户回复消息时，你就可以根据客户的实际情况和性格进行不同的交流，增进双方关系，促成合作。

5. 做好客户的标签分类

通常，人们微信上的好友多达几千人，少的也有几百人，而利用微信进行产品营销的则好友会更多。面对这么多的微信好友，没有重点地联系，不仅会浪费精力，还会影响成交。所以，一定要做好客户的分类标签备注。

可以将客户微信进行分类，按照客户的意向度将其设置成A、B、C、D等几个类别。将客户分类做好，就能轻易分清工作的主次，使客户跟踪工作事半功倍。

除此之外，还要对客户做好标签，将客户的情况以及感兴趣的产品和疑虑等做好标签备注，然后根据客户情况进行单独的沟通解决，使营销工作有序进行。

直播间营销：打造营销型直播间

在数字化的营销环境中，直播间已经成为品牌和商家实现精准引流和提升成交率的重要手段。

如何才能显著提升直播效果和营销成果呢？

1. 精准引流策略

（1）了解目标受众。精准引流的第一步是清晰了解目标受众。要明确受众画像，包括他们的年龄、性别、兴趣爱好、消费习惯等。利用直播间的用户数据分析工具，更好地了解和定位目标受众。

（2）优化账号设置。吸引人的账号是吸引流量的关键。要设置完善的账号，包括清晰的头像、简洁有力的简介和联系方式。定期更新内容，保持账号的活跃度。

（3）明确直播主题。直播主题直接影响人们的兴趣和参与度，要选择一个与受众需求和兴趣紧密相关的主题，确保内容具有吸引力和实用性。提前预告直播内容，吸引潜在受众的关注。

（4）广告投放。广告投放是实现精准引流的重要手段。通过信息流广告、开屏广告和挑战赛等形式，提升直播间的曝光率和点击率。根据受众画像和兴趣标签进行精准投放，确保广告覆盖到最相关的用户群体。

（5）合作达人和 KOL。与达人和 KOL 合作，可以快速扩大直播的影响力和覆盖面。选择与品牌调性和目标受众相符的达人，通过他们的影响力和号召力引导粉丝关注和参与直播。

（6）制作短视频。制作高质量、创意十足的短视频，预告直播时间和内容，吸引粉丝提前关注和预约。

2. 提高成交率的策略

（1）优化内容和流程。优化直播内容和流程，确保每个环节都能吸引人们的注意力并推动成交，要点如下：

①开场吸引。在直播开始的前几分钟，通过精心设计的开场白和互动环节，迅速吸引人们的注意力。

②产品展示。详细介绍产品的特点和优势，结合使用场景和实用性，激发人们的购买欲望。

③互动环节。通过实时互动、答疑和抽奖等环节，提升人们的参与感和黏性。

④促销活动。使用限时优惠、秒杀活动和优惠券等促销手段，激励人们立即下单。

（2）积极互动。主播的专业性和互动技巧对成交率有直接影响。要选择具备良好表达能力和产品知识的主播，通过幽默风趣、热情友好的互动方式，增强人们的信任感和购买意愿。

（3）分析数据。利用平台提供的数据分析工具，实时监控直播间的流量、互动和成交情况。根据数据反馈，优化直播策略和内容，持续提升直播效果和成交率。

（4）提供优质售后服务。在直播中，明确告知人们售后服务的内容和流程，增强人们的购买信心。同时，及时处理用户的反馈和投诉，提升品牌形象和口碑。

（5）建立用户社群。利用微信等平台，建立品牌粉丝群，定期分享产品资讯、优惠信息和用户体验，增强用户的归属感和忠诚度。

社群营销：玩转社群营销，实现用户裂变

在社群经济日益繁荣的今天，社群营销已成为企业连接消费者、提升销售业绩的关键策略。那么，如何构建一个高效的社群营销体系，实现盈利的爆发式增长呢？

1. 明确定位

社群的核心在于共同的兴趣和价值观。在打造高活跃度社群时，要明确社群的定位和目标用户群体，并建立与之相符的价值观。通过提供有价值的内容和服务，吸引具有相同兴趣的用户加入，形成共同的话题和讨论氛围。

具体方法如下：

（1）市场调研。通过问卷调查、访谈等方式，了解目标用户的需求和兴趣点，为社群定位提供依据。

（2）制定社群规则。明确社群的核心价值观和行为准则，确保社群成员的行为符合社群的整体氛围。

（3）持续输出高质量内容。围绕社群定位，定期发布与社群主题相关的内容，吸引用户的关注和参与。

有个读书社群在成立之初就明确了其定位——为热爱阅读的读者提供一个交流、分享和学习的平台。通过市场调研，了解到目标用户群体主要关注文学、历史、心理学等领域的书籍，该社群就制定了"热爱阅读、分享智慧"的价值观，并围绕这些领域定期发布书单推荐、读书心得分享等内容。同时，该社群还建立了严格的社群规则，确保社群成员之间的友好交流。

这种明确的定位和高质量的内容输出，使该社群在短时间内就吸引了大量热爱阅读的读者加入，并形成了高度的用户参与度和活跃度。

2. 创新内容

内容是社群的灵魂。只有不断创新内容形式和提高内容质量，才能持续吸引用户的关注和参与。打造高活跃度社群时，要注重内容的多样性和互动性，通过有趣、有用、有料的内容激发用户的兴趣和参与欲望。

具体方法如下：

（1）引入多元内容形式。结合文字、图片、视频、音频等多种形式，提高内容的可读性和可传播性。

（2）举办主题活动。定期举办与社群主题相关的线上或线下活动，如讲座、分享会、比赛等，吸引用户的参与。

（3）引入行业专家或意见领袖。邀请行业专家或意见领袖参与社群活

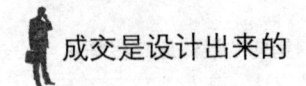

动，提高社群的权威性和影响力。

3. 强化互动

只有建立紧密的互动关系，才能让用户感受到社群的温暖和归属感。在打造高活跃度社群时，要注重用户之间的互动和社群运营者的引导。通过组织线上线下活动、及时回复用户的问题和评论、鼓励用户之间的交流和分享等方式，建立紧密的社群关系。

具体方法如下：

（1）定期举办线上活动。如问答、投票、话题讨论等，提高用户的参与度和互动性。

（2）组织线下聚会。定期举办线下聚会或活动，让社群成员有机会面对面交流，增强社群凝聚力。

（3）设立激励机制。通过设立积分、勋章、优惠券等激励机制，鼓励用户积极参与社群活动。

快闪营销：懂营销的品牌都喜欢"快闪"

近年来，新生代消费群体的消费习惯已经不同于70、80后，他们更加追求个性、体验和价值，且接受新鲜事物的能力很强。对他们来说，快闪模式比传统媒体广告更容易令人难忘，独特的体验场景也让他们觉得更新奇、有趣。

2018年，星巴克在上海举办了一场名为"咖啡奇幻乐园"的快闪活动。通过咖啡文化的展示、互动体验和限量版产品的销售，吸引了大量年轻消费者。活动不仅提升了品牌形象，还带动了产品销售，成为快闪活动的经典案例。

快闪活动，英文名"Pop-up Event"，是一种临时性的品牌推广活动，通常在商业繁华地段、文化活动场所或重要节日期间举办。它的魅力在于"快"和"新"，通过创意的展示和互动体验，可以迅速吸引消费者的注意力。

消费者通常都有猎奇心理，喜欢去探索一些新奇的产品，快闪营销可以通过多元、新颖的产品吸引消费者目光，激发起消费者尝鲜、好奇、互动的意愿，刺激消费者自发地进行社会宣传，为品牌带来知名度。

1. 明确快闪活动的目的

快闪活动的主要目的包括品牌宣传、市场调研、产品推广和销售促进，具体表现为：

（1）高关注度。通过独特的主题和形式，快速吸引公众和媒体的关注。

（2）增强体验。提供与众不同的客户体验，加深人们对品牌的认知和好感。

（3）促进销售。通过限时限量的促销策略，激发人们的购买欲望。

（4）收集反馈。直接与消费者接触，收集宝贵的市场反馈和产品建议。

2. 快闪活动的传播

快闪活动的成功，传播策略至关重要：

（1）社交媒体预热。在活动前通过社交媒体平台进行预热，制造话题和期待。

（2）KOL和影响者营销。邀请知名人士或意见领袖参与活动，扩大影响力。

（3）现场互动。鼓励消费者现场分享体验，利用口碑效应进行自然传播。

（4）跨媒体整合。线上线下相结合，利用多种媒介渠道进行整合传播。

3. 快闪活动的策划与执行

（1）创意构思。根据目标受众的喜好和品牌定位，设计独特的主题和形式。例如，时尚品牌可以举办时装秀快闪，美妆品牌可以打造现场化妆体验活动。

（2）选址策略。品牌应选择人流量大、目标客户集中的地点，如购物中心、文化街区或交通枢纽。同时，也要考虑场地的可见度和可达性。

（3）时间规划。要考虑目标市场的节假日、季节特点和消费者行为。例如，在节日季或特殊纪念日举办快闪活动，可以借助节日氛围吸引更多客户。

4. 快闪活动的客户体验

（1）互动体验。快闪活动应提供互动体验，如现场演示、客户参与的游戏或DIY工作坊，以便增加客户的参与感，使其深化对品牌和产品的理解。

（2）个性化服务。提供个性化服务，如定制化产品、专属优惠或一对一咨询，让客户感受到品牌的贴心和专业。

（3）环境布置。精心布置的环境，能够营造出独特的氛围，让客户沉浸在品牌的世界中。使用品牌元素和色彩，结合创意装置艺术，可以增强视觉冲击力。

5. 快闪活动的营销与传播

（1）预热宣传。在快闪活动前，通过社交媒体、电子邮件营销和合作伙伴渠道进行预热宣传，提前吸引目标客户的兴趣。

（2）现场直播。利用直播平台，对快闪活动现场进行实时直播，扩大活动的影响力和覆盖范围。

（3）媒体合作。与当地媒体和行业博主合作，通过新闻报道、专访或博客文章，增加快闪活动的曝光度。

6. 风险管理与后续跟进

（1）风险评估。策划快闪活动时，要对可能的风险进行评估，如场地安全、天气变化等，并制定相应的应对措施。

（2）数据收集与分析。快闪活动期间，收集客户数据和反馈，用于后续的市场分析和产品改进。

（3）后续营销。活动结束后，通过电子邮件、社交媒体等渠道与客户保持联系，提供后续服务和产品信息。

7. 快闪活动的数据分析与客户洞察

（1）实时数据监测。使用客流统计和销售数据分析工具，实时监测快闪活动的效果。

（2）客户行为分析。分析客户在快闪店内的行为模式，优化产品布局

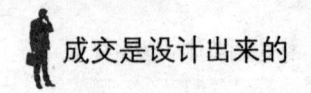

和营销策略。

8. 快闪营销活动的创新玩法

（1）主题式营销。设定主题，通过创造独特的情境，让客户沉浸在品牌所营造的氛围中，从而增加品牌认知度和好感度。例如，在商场中搭建一个小型游乐园，让客户在轻松愉快的氛围中体验产品。

（2）互动营销。举办各种互动活动，鼓励客户积极参与，增强他们对品牌的记忆和忠诚度。如现场设置拍照区，供客户与产品进行互动。

（3）明星代言。邀请明星"网红"参与快闪营销，吸引粉丝关注，提升品牌的知名度和影响力，并带动产品销售增长。

（4）跨界合作。与其他不同领域的品牌进行合作，共同打造独特的快闪活动，吸引更多的关注和话题。例如，与文化机构或艺术团体合作，举办艺术展览或音乐会等快闪活动。

第十章
做好客户回访,为持续性营销奠定基础

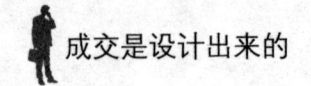

做客户回访之前,先对客户进行细分

为了提高客户服务的效率,在做客户回访前,就要对客户进行详细的分类,并根据分类使用不同的服务方法。

在销售领域,客户是多种多样的,有着不同的性格、需求和行为模式。为了更好地服务客户、提高销售业绩,在对客户进行回访前,需要对客户进行细致的分类,并针对每一类客户制定相应的策略。

下面是常见的客户分类和应对方法,供参考。

1. 普通型客户

这类客户约占所有客户的60%或70%,他们主观但诚恳,喜欢发表意见并作出决定。跟这种客户对话,要努力取悦他们,为他们提供优质服务,强调产品与客户期望的匹配度,不久他们将成为你的忠实客户。

比如可以说:"孙女士,你的见解非常独到,我们的产品正是为了满足像你这样有主见的客户而设计的。使用后,你一定会发现它的与众不同之处。"

2. 冲动型客户

这类客户头脑灵活、精力充沛,购物时会迅速做出决定,喜欢直截了当地沟通。与这类客户接触时,为了赢得他们的信任,应使用客气礼貌的语言，说话要准确无误，强调产品的优势和效果，迅速赢得他们的信任。

例如，可以说："李先生，你的决策力真是太强了！我这就给你详细介绍产品，保证让你一听就明白，一看就喜欢。"

3. 自大型客户

这类客户自负、敏感且主观，总认为自己的观点是正确的。与这类客户打交道，要顺应他们的意见，尽可能表示赞同，强调产品的独特性和创新性。

例如，可以说："田先生，你的观点确实很有深度，我完全赞同，并且我们的产品也是基于这样的理念设计的。我相信，你一定会对它的独特性和创新性感到满意。"

4. 友善型客户

这类客户喜欢说笑和倾听，善于交谈，可以与我们聊得很开心。然而，这类客户可能也不好应付。应让他们充分表达，同时抓住机会将话题转向产品方面，强调产品能为他们的生活带来更多美好。

可以说："吴女士，和你聊天真是太愉快了！顺便提一下，我们的产品也很适合像你这样热爱生活的人。我相信，它一定会为你的生活增添更多的乐趣和色彩。"

5. 呆板型客户

这类客户最难应对，向他们推销似乎毫无希望。面对我们时，他们面无表情、反应迟钝。对于这类客户，唯一的方法是让他们亲身体验，强调产品的优点和特性，激发他们的购买兴趣，如果产品符合他们的口味，他们也能成为忠实的客户。

例如，可以说："向先生，我理解你可能对我们的产品还不太了解。不过没关系，我可以给你亲身体验的机会，让你慢慢了解我们的产品。我相信，只要你了解了它的优点和特性，一定会对它产生兴趣的。"

6.粗鲁型客户

这类客户行为举止粗鲁，言语可能使人感到不舒服，喜欢大声喧哗，对我们的出现不屑一顾。然而，这类客户也可能会带来大生意。在与他们打交道时，我们应保持自然，不要与他们辩论，要设法将他们带回有关产品的话题上，强调产品的实际效果和优势。

例如，可以说："钱先生，我理解你可能有些不耐烦了。不过请相信我，给我几分钟时间，我一定会让你对我们的产品感兴趣。你看，我给你展示一下这款产品的独特之处和实际效果，怎么样？"

总之，客户分类是客户回访前的一项重要工作。精准识别不同类型的客户，并制定相应的应对策略，就能更好地满足客户的需求，提高销售业绩。同时，掌握通用的沟通方法和技巧，就能与客户建立良好的关系，实现共赢。

了解客户想什么，要什么，最需要什么

回访的目的是了解客户对我们推荐的产品感觉如何，对企业和个人服务有什么想法，签单的可能性有多大。回访的意义是要体现我们的服务，维护好老客户，了解客户想什么、要什么和最需要什么，因为我们需要客户的配合来提高服务能力，从而使我们和企业发展得越来越好。

那么在回访过程中，如何通过聊天了解客户的需求呢？

1. 清晰目的

与客户聊天时，要明确聊天的目的，即要了解客户的基本信息、需求、对产品的想法等。因此，在聊天过程中，要尽可能收集客户的信息，比如，客户是哪里人、从事什么行业、年龄、爱好、家庭情况、孩子情况、工作情况等。只有了解了客户的基本信息，才能更好地分析他们的需求。

2. 给予肯定

与客户聊天时，要对客户的信息给予肯定和回应。例如，当客户提到自己从事某个行业时，可以说："哦，这个行业确实很热门啊！"当客户提到自己的爱好时，可以说："这个爱好确实很有趣！"通过这种方式，让客户感受到我们对他的关注和认可。

3. 探寻客户的想法

在聊天过程中，要了解客户对产品的想法。例如，可以问客户："你对我们公司的产品有什么看法？"或者"你觉得我们的产品能给你带来哪些帮助？"通过这些问题，可以了解客户对产品的需求和期望，从而更好地推荐产品。

4. 善于提问

在交谈中，开放式和封闭式问题要交替使用。例如，可以这样问客户："你目前的状况是怎样的？"这是一个开放式问题，可以让客户自由回

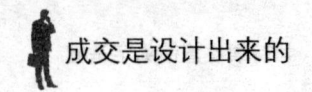

答。而"你是不是在使用同类产品?"就是一个封闭式问题,可以让客户在有限的选项中选择回答。通过这种方式,可以更好地了解客户的需求和想法。

5. 认真倾听

在与客户聊天时,要认真倾听客户的回答,不要急于发表自己的看法或打断客户的发言。因为只有认真倾听客户的回答,才能更好地了解客户的需求和想法。比如,了解客户的企业是否有培训需求时,可以跟客户聊以下问题:当初是什么原因让你选择了创业?你是怎么挺过来的?接下来企业发展有什么新的计划吗?客户回答时,不要打断,要认真听,以便捕捉到更多有效的信息,继续深入探寻。

回访时有效地选择时间段

在销售行业,很多人之所以推销失败,是因为选错了拜访客户的时间,他们因而不管是早上、中午或晚上随意去拜访客户,因而不免一次又一次地吃闭门羹。

一般情况下,拜访客户的时间是上午9点到11点,因为这是最易出单子的时间,是黄金时间。但因情况不同,也有例外。拜访客户的最佳时间,应当是客户最空闲的时间。在这个时间里,双方才能达到充分交流与沟通的效果。

错过拜访客户的最佳时间，就无法获得客户的好感，拜访也就无从谈起。因此，要合理有效地选择拜访的时间段。

1. 选择"黄道吉日"

若打算拜访客户，就要用心琢磨什么时候与客户见面比较合适，因为一个好的开始等于成功的一半。要想提高回访效果，就要选择一个吉庆的日子去拜访客户，这样才能提高拜访的成功率。

2. 选择合适的时间段去拜访

我们一般都有午休的习惯，因此拜访时间最好不要安排在午休时间。一般来说，下午四五点或晚上七八点都是不错的拜访时间段。

拜访时应尽量避免客户的用餐时间，除非要请客户吃饭。如果不打算请客户吃饭，就不要在上午11点半之后去拜访新客户；即使是拜访老客户，宁肯自己在外面吃了饭，也要等到下午1点半以后再去拜访。

3. 客户下班或要关门时不要拜访

客户下班或要关门时，意味着他们到了回家休息的时间了。这时，他们不可能好好坐下来与你详谈；如果你影响他们下班或关门，他们还会对你产生反感。作为销售人员，你平时或许可以像牛皮糖一样缠住客户，但当客户下班时你就不能太厚脸皮了，黏着人家不放，这么做的话，即使对方脾气再好，也会用三言两语把你打发掉。

4. 休息日和节假日后第一天不要拜访

如果客户周末休息，就不能周一去拜访。除了周一，比如元旦、春节、五一和国庆节放假结束后的第一天上班时间，也不适合上门回访。因为这时候大家都要处理一些内部事务，且会议比较多。即使你业务紧急，

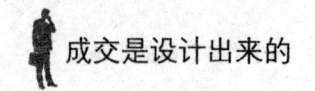

也要尽量避开上午,最多上午打个预约电话,下午过去。此外,月末各公司都比较忙乱,除了催收货款,一般也不要拜访客户。

5. 不同客户类别要分别对待

客户一般分为两大类:上班族、无业族,因此对不同的客户要采取不同的回访策略。

(1)上班人士。对上班族客户不要选择早上和中午进行回访。因为早上是上班族最忙的时间,他们通常都不会和你用心交谈。而中午休息的时间比较短且都在着急吃饭,所以最好不要在这段时间回访。那什么时间是最佳时间段呢?根据数据分析,这类客户通常在晚上7~8点钟比较闲,这时候他们已经忙完了一天的工作,回到家放松了紧张的神经,如果你这个时候给他们打电话,他们通常都会和你用心交谈。

(2)无业人士。一般来说无业族客户早上都在睡懒觉,这时候对他们进行回访,他们一般只会敷衍你几句。晚上也不是很好的时间,因为晚上他们通常都会约朋友在外面喝酒聊天,不会和你聊这些问题。对于这部分人,午后的时间才是比较闲的,这个时候交谈效果较佳。

确定合适的客户回访方式

如何才能把客户回访做得更自然,让客户对你的交付和服务感到满意,对你更加信任,从而与你建立长期的合作关系呢?答案就是,选择正确的回访方式。

客户回访主要有电话/微信回访、上门回访、事件回访等几种。

1. 电话/微信回访

电话/微信回访时间一般在客户使用产品的一周内、售后服务基本完成的第二天、客户投诉的第二天。

具体流程如下：

（1）充分准备。在进行客户回访前，应充分了解公司及产品服务项目的特点，打好基本功。如果不能很好地介绍自己的服务项目以及服务特色，就无法在客户那里建立良好且专业的形象。

（2）了解客户需要。进行客户回访时一定要彬彬有礼、热情大方、不卑不亢，语气既要正式又要有一定的柔和性，逐渐营造轻松的交谈氛围。第一次客户回访，要清楚谁是目标客户，了解他们的需要，以及他们是怎样评价产品的特性和价值的，然后再进行第二次客户回访。

（3）提升信任。第二次及以后做客户回访时，应更加自然，以与客户交上朋友的感觉进行。因为只有给客户熟人的感觉，才能进一步进行产品的详细介绍和讲解。如果客户说起价格高或其他方面的话题，致使谈话有些尴尬，此时应把责任揽在自己身上。可以这样说："是这样的，之所以让您有这样的担心和顾虑，都怪我没能把产品（××的好处、意义、作用等）讲清楚……"如果客户将话题扯远了，就要对其进行有效的肯定和称赞，逐渐从家庭、亲人的责任感方面引入产品，从而将话题拉回主题。

（4）详细记录。进行客户回访时应做好详细的记录，包括但不限于以下内容：电话号码、客户的姓（得到全名更好）、客户的工作性质、客户的态度及问题、进行解答疑问与沟通的大致过程、日期及通话时间、下次准备回访客户的时间。

2. 上门回访

上门回访就是直接到客户家为客户提供服务。这种回访方式，可以缩短电话、微信回访等的心理距离，使彼此充分了解和沟通，增进亲近感，建立类似亲情的关系。

上门回访应注意哪些技巧呢？

（1）事先必须和客户预约好时间，避免唐突访问。

（2）让客户对自己产生好感，可从以下几方面入手：

①注意仪表风度、穿着修饰。

②注重商务礼仪，站有站相，坐有坐相。

③不能只考虑自己的工作方便，必须配合客户的时间，避开客户的休息时间。

④发挥笑容的魅力。客户与你一起笑，他才会承认并接纳你。

⑤发自内心地喜欢并羡慕客户，感受到其埋藏于内心的自尊心被你所承认，他会很高兴。

⑥塑造专业的形象，自信地出现在客户面前，赢得客户的信赖。

⑦觉察到客户情绪低落，注意力无法集中，对交谈没有兴趣，就要体谅客户的心境，另约时间回访。

⑧带点小礼物上门。比如，给家中有小孩的客户带点糖果或玩具，就能赢得客户的好感。

（3）对客户家人保持同等兴趣，不要单独和客户神侃而忽视了其家人，因为他们很可能就是有实际购买决定权的人。

（4）利用上门时机搜寻有价值的信息，估计客户的经济实力，判断其有无可能成为目标客户。一旦成为客户，就要投入更多的精力，全方位了解客户，以便投其所好，建立起更进一步的关系，为后续成交打下基础。

（5）有些客户为了表达内心的感激，会给销售人员赠送一些小礼物，如一件丝巾或一瓶化妆品，这是情理之中的事，在收下前要诚恳致谢，用落落大方、不卑不亢又不失礼貌的态度收下，但千万别给客户留下占小便宜的印象。

（6）在客户家中逗留时间不宜过长，不要浪费对方过多时间，以免引起反感。

（7）送别时，要收拾好自己的座位、茶杯，帮客户清理卫生，感谢客户的接待，表达真诚的祝福。

3. 事件回访

事件回访指的是选择客户的重要时点进行拜访，包括乔迁、生日、结婚纪念日、春节、中秋等传统佳节。一般来说，乔迁回访选择前后三天为宜，而其他重要时间节点则最好提前一周左右。

提前通过电话或微信联系，恭祝客户乔迁大喜，然后告知客户将收到品牌送上的礼物，约定送礼时间；送礼时附上一张精美贺卡，写上品牌对客户的祝贺语，最好有总经理的签名，以表诚意。

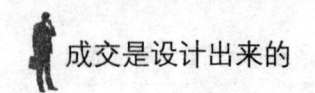

认真倾听客户的声音

认真倾听客户谈话是建立良好关系的重要一步,通过眼神交流、总结对方的观点等方式,认真倾听对方的讲话,让客户感受到被你信任、被你理解、被你尊重,你理解他了,尊重他了,他自然会以同样的方式回馈你,这样,双方合作的基础就建立起来了。

要想提高沟通效果,在倾听客户谈话的过程中,需要做到以下几点。

1. 专注,不可玩手机

跟客户沟通交流时,要专注,注视对方,不仅要展现出你是在认真听,是感兴趣的,是重视他的,还要让客户感受到你是可靠的、认真的,不是敷衍的。相反,如果你眼神迷离,时不时地玩手机,一副心不在焉的样子,对方就会觉得被你忽视了,没有得到尊重,觉得你是在假装听他讲话,心里肯定不舒服。

2. 不打断,不插话

这一点很重要,这是表达对他人尊重的最起码表现。有的人听话听半句,就以为自己听懂了对方想要表达的意思,同时还时不时地插话,打断对方的思路。这样做,会让对方觉得你不尊重他,你对他没有好感,一旦产生了这种印象,就得花更多的时间和精力才能扭转局面。

3. 重复、总结并确认

在客户表达完自己的观点或需求后，要就自己的理解，进行重复或归纳总结，让客户确认，以确保你真正理解了对方的意图和想法。这个步骤不仅可以展示你的倾听能力、理解能力，还可以让客户感受到自己被重视、被理解。

4. 不要当场批评指正

在倾听的过程中，如果发现客户的观点跟你的不一致，甚至对方的观点有明显的瑕疵，也千万不要当场批评指正，否则，就等于把对方推向了你的对立面，接下来就很难愉快地交流下去了，而要从他已有的、已经认可的观点入手，慢慢引导出连他自己都觉得可笑的结论来。

年后回访客户，三招搞定

年后做的第一件事，就是问候自己的客户。这里给大家分享一个销冠年后使用的回访话术。

1. 不要群发祝福短信

手机上可以发短信也可以发微信，但这不是回访的正式工作，而是回访前的铺垫工作，比如，除夕夜或春节时可以给客户发送一条祝福的短信。

这条短信千万不要复制、粘贴别人的，一定要和客户相关，否则客户

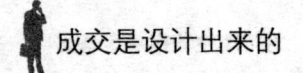

一看就是群发的:"你给我的和给别人的都一样,那我凭什么选择你呢?"

即使是一点小细节,也能体现服务的体验感,比如,可以加上自己和客户一年中专属的回忆,说你见证了客户怎样的成长变化,说你观察到客户一年的朋友圈是个怎样的状态,表达你的感受和祝福;也可以写客户对你自己的影响。

2. 能说上话就不要发消息

打电话前一定要想清楚自己要说什么,不要支支吾吾,否则会让对方觉得你很不专业。当然,仅有节日祝福还远远不够,可以先翻一下客户的朋友圈,关注一下他假期的动态,看看他在忙什么、关注什么,以此作为通话的过渡性话题,以免一上来就给客户一种太直接的感受。

3. 通话前做好准备

打电话前一定要保证自己的状态是激情和喜悦的,因为在看不见脸的情况下,个人的音调能够体现出他的情绪,所以不要让客户觉得你好像是被逼着打这个电话的,一定要保证自己有充足的能量、状态极好时再去打电话。

电话接通后,要喜气洋洋地给客户送上节日祝福,如果觉得客户情绪不高,就只送上祝福和告知业务上线即可。如果你觉得他状态不错,给你的是正向反馈,你就要抓住机会。

最后,如果有活动,可以把文字版的发一份给客户,加深印象,方便客户仔细阅读。

意向客户的二次回访

二次回访的目的是解决异议、实现成交，但要保持正确的心态。

不是所有的意向客户都会成交，成交有一定的概率，不要拿特例去为难自己。

概括起来，二次回访共分为6个步骤。

第一步，破冰。

这里的破冰分为两种：

一种是上次结束对话时已经约定了下次沟通时间的客户，可以直接破冰，比如："××在吗？咱们昨天约定的这个时间，你这会儿有时间吧？"为了提高回复率，建议找个话题做切入点。

另一种是上次结束对话时没来得及约定时间的人，要找切入点破冰。切入点可以从他的朋友圈动态中寻找，也可以从周围的环境中寻找，总之目的就是让客户回答你。

举几个例子：

（1）"亲，周末休息准备去哪里玩啊？"

（2）"亲，在吗？我刚看到你朋友圈发的内容，咱们可以聊一下。"

（3）"亲，我要告诉你个好消息。"

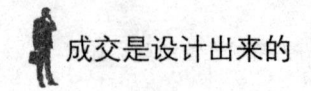

第二步，标签展示。

二次回访中，对多数客户我们并不需要刻意用话语去介绍自己，但也有特例。如果破冰之后觉得客户的回复很陌生或不热情，就可以说，你×××时间和他聊过的×××，然后再调侃一下。

比如，"我是×××啊，×月×日下午咱们聊了很长时间的，做×××的那个？你不记得我了啊？真是贵人多忘事啊！我记得当时和你聊得很开心，你竟然不记得我了。"这里真正的标签展示是你的头像、名字、动态等。所以，不要轻易换头像或者名字。

第三步，聊天引导。

聊天时不要寒暄太多，否则会浪费大量的时间，降低效率。真正的高手会在别人不反感的情况下顺其自然地卖货。这时候，不管从哪个点切入，都要先寒暄，然后再切入上次没有成交的话题。

比如，销售人员："亲爱的，我们这里今天热得都穿裙子了，你那里怎么样啊？"

客户："我这里也很热。"

销售人员："是的，进入夏天了，又到了露肉的季节了！你现在在上班吧？"

客户："嗯，是的，老样子，在上班。"

销售人员："嗯嗯。我也在卖货呢。顺便问问你那边天气怎么样？哎，对了，亲爱的，上次我给你介绍的×××，你最近有关注吧？进入夏天你就更需要它了啊！"

第四步，产品介绍。

介绍产品时，要使用一些技巧，不要单纯地给客户介绍产品，要努力挖掘客户的痛点或回应客户异议。

同样是上面的案例。

客户："哦，最近没怎么关注。"

销售人员："你忙，我理解。但你不能不把自己的身体当回事啊。你知道吗？上次和你聊了你的情况后，我真心觉得你要改善一下了。上次你说你出现了×××，如果你当时选择咱们的×××，现在都应该用上了。你上次没有做决定，是对我上次介绍还有不明白的地方吗？"

客户："没有，我就是觉得太贵。"

第五步，成交。

成交的三个要点是：速度、推动和假设。

二次回访中，成交时做的推动基本上属于被动推动，也就是说客户主动提出了各种异议，这时候，我们要学会使用夸张、赞美、调侃和转移话题等技巧。

依然是上面的对话。

销售人员："啊！你竟然是在担心这个啊！我的错，早知道是这么简单的事情，我一定不会让你等这么长时间的。不过，你觉得太贵了我也理解，但是你知道吗？市面上这类产品确实有价格便宜的，但你敢用吗？肯定不敢，对吧？"

客户："那样的肯定不敢用，但是我还是觉得你们这个有点贵。"

销售人员："嗯，非常理解你的想法。在初次接触一个新东西而没有真正体会到它带来的价值时，觉得贵是正常的。不过，我相信你觉得贵不

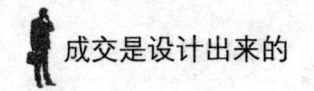

是因为你想省这点钱,而是怕买得不值,对吧?"

客户:"是。"

销售人员:"这就对了。你看,你是想改善×××。其实,只要花费××,就能改善你××的情况,给你带来健康(美丽),这是一件很划算的事情,对吧?你这种情况,我建议你先拿两盒,看在咱们聊了这么长时间的分上,我给你包邮,好吧?"

客户:"嗯。"

销售人员:"你是自己下单,还是我帮你下单?"

第六步,再成交。

从收到客户钱的那一刻起,你所做的每一个动作和细节都有可能决定后期客户的再成交率和转介绍率哦!所以,成交之后,要有做再成交的意识!